從說服自己開始的哈佛談判力

搬開內心的絆腳石，與自己達成共識，
就能讓別人贊同你

威廉・尤瑞 William Ury——著　沈維君——譯

GETTING TO YES WITH YOURSELF

And Other Worthy Opponents

〔談判經典暢銷升級版〕

目錄

第四章 活在當下，接受會帶來平靜 131

從抗拒到接受

推薦序

忠於自己的內心，也不忽略別人的感受

銘傳大學傳播學院助理教授／GAS口語魅力培訓® 創辦人　王介安

威廉・尤瑞的著作影響我很大，不僅影響我，也影響我的學生。他的《哈佛這樣教談判力》多年來是我在大學授課時，我的學生必讀的經典參考書。他與他已故的好友羅傑・費雪共同著作的這本書談到了「原則性談判」，讓我在談判的領域，有了全新的的思維與見解。

現在《從說服自己開始的哈佛談判力》的誕生，從談判的角度切入，融合了自我理解，真的是太有創意了！

我必須把書中的這段文字節錄下來，並且在這篇推薦序文當中分享給你：

「若你想要找到適用於每個人的解決之道，進而創造三贏局面，關鍵在於要改變遊戲規則，從索取變成付出。所謂『索取』，我指的是只為自己求索好處；反之，所謂『付出』，我指的是為別人創造價值，不單單只為了自己。如果『索取』基本上意味著拒絕別人，那麼『付出』就等於答應別人。付出，正是合作的核心。付出是一種行為，卻源自我們內心，是我們對待他人的基本態度。」

從這段文字當中，我們不難理解，人際互動是一種「互相」，如果這樣的互相沒有建立起來，絕對不可能影響別人。

我常在授課演講當中說一個非常簡單的概念，「你請求路人幫忙，難度很高，但請求自己身邊的好友幫忙，他可能會全心全意地幫助你。」關係的建立，在人際互動當中是非常重要的課題。首先，你必須了解你是怎麼樣的人？你想要達到什麼樣的目標？先從了解自己做起，進而了解對方，你會發現，影響力反而比較容易提升。

我也勉勵我的學生們要「忠於自己的內心，也不忽略別人的感受」，這是人際互動當中，一定要想辦法慢慢練習出來的關鍵技術與心態。

溝通，一直是生活與工作當中嚴峻的課題，每個人的想法、立場、堅持，都不一樣，如何在一切的林林總總當中，尋求一個平衡點，那就是這本書書名提到的「說服自己」，你能先說服自己嗎？你能夠用一種別人能接受，自己也能接受的方法來說話嗎？

我從事媒體工作多年，製作電視節目、廣播節目，我的工作夥伴提出了某個節目企劃書給我，我總會問他們「這個故事能夠感動你嗎？」「如果不能感動你，怎麼感動觀眾或聽眾呢？」這本書的價值，就在這個地方了。書中談到的自我認同、自我價值，書中每一個故事都代表了一場自我理解與自我療癒的過程。

相信這本書的誕生，讓我們願意從各種不同的角度來理解自己，也可以讓我們的生活與工作都更快樂！

推薦序

當你卡關，請先跟自己和解

簡報實驗室創辦人　孫治華

我們都知道在學習對外的談判技巧中要懂得「了解自己的核心目標」、「避免建立城牆」、「同理換位思考」和「多贏思維」，我們也知道在談判中的大忌就是充滿了情緒與心中的不平行。

對外的談判難學，但是你知道嗎？

對自己的談判，更難。

在商業的事業中，我們可以用商業的角度平靜自己的情緒與不滿、甚至可以超然的換位思考，把持著企業的商業目標，作為一個成熟的談判者。

但是對於自己的生活呢？我們赤裸的面對了那些我們在意的人，無處可躲的情緒，這時候說「平靜、換位思考、了解自己內在的目標」，你會不會覺得似乎比商業世界的談判難多了。（也許，你才剛剛跟你所在乎的人爭論了一番，充滿著情緒卻沒有任何作為）

在商業的事業裡換位思考是一種專業的態度；但是在生活中的換位思考是出自於對彼此的關心。

我知道我大多都是在推薦商業書籍或是一些職場工作術的專業書籍，但是你知道嗎？我卻覺得那些技巧與知識你能不能吸收或是真的融入你的生活，端看你在一個什麼樣的心境中去閱讀，而不是讀懂了沒。

當你自己在生活中的心是亂的，你沒有好好面對生活中朋友的邀約、情人的溝通、孩子的需求，你是不會真正的成長。當你還在記恨主管對於A員工的偏心，你是無法看懂領導與管理的書籍，因為我們還沒有放下時，就不可能拿起。

這時候這些管理或是領導書籍上所有的知識或是看法都會被用來說明，你自己的合理性與對方的過錯，你怎麼可能突然以超然的高度來檢視自己與人之間的關係。

我知道在台灣談判已經成為顯學，但是在對自我的談判呢？對自我的溝通呢？

假如，你在事業上都表現得還不錯，在各方面專業的學習與提升上都有不錯的表現，但是生活中總是少了一點確定感，那我會推薦你花一些時間看看這一本，你才會懂很多事情第一個卡住的地方，其實就是自己。

前言

先說動自己，就能讓別人贊同你

「要推動世界的人，須自己先行動。」
——蘇格拉底——

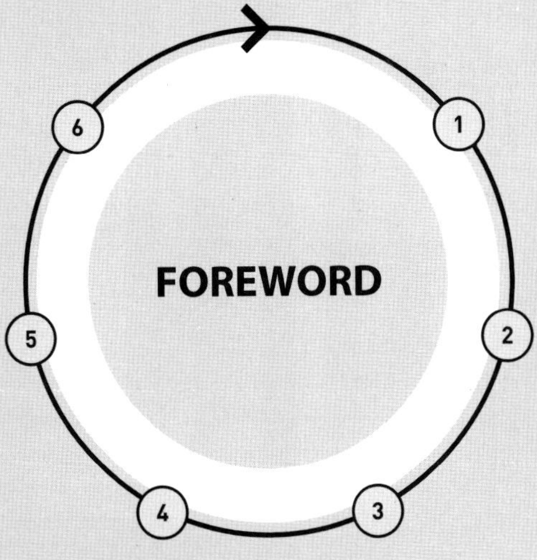

認同自己，可以為「讓別人贊同你」預先鋪好路。

若說之前我與費雪共同撰寫的暢銷書《哈佛這樣教談判力》探討的是改變對外談判的遊戲規則，這本書要描述的就是改變內在遊戲心法。

畢竟，要是我們不能先說服自己，又怎麼能期待說動別人呢？

如何才能讓別人贊同你？

我們跟每個有所接觸的人幾乎都無可避免會發生衝突，從同事與主管、配偶與伴侶、客戶與顧客，到孩子與家人皆是如此。該如何化解這些衝突？我們如何在得到真心想要的東西時，也兼顧到生命中其他人的需求？這大概是所有人進退兩難的困境中，最普遍、卻也最艱鉅的挑戰了。

我在職業生涯中，一直致力於研究這種兩難困境。三十五年前，我非常榮幸與如今已故的恩師暨同事羅傑・費雪（Roger Fisher）共同撰寫《哈佛這樣教談判力》，協助人們在職場上、家庭裡與團體中改變談判方式。那本書在全世界發行高達上百萬冊，一舉扭轉人們處理分歧時的普遍心態，從「互爭輸贏」的思維轉變成「雙贏」或「互利」的方式。

然而，要能夠與他人達成共識，往往是高難度的挑戰。該書出版後，我有機會訓練成千上萬的人運用互利的談判技巧，這些人遍布各行各業，包括經理、律師、工廠勞工、煤礦工人、學校教師、外交官、維和部隊、國會議員和政府官員。許多人都說他們成功改變了遊戲規則，不再「互爭輸贏」，而改採「雙贏」策略。但也有人還在辛苦掙扎，雖然他們已經學過在談判中運用雙贏技巧的基礎原理，然而一旦置身衝突的情境中，還是會退回到「互爭輸贏」的方式，即使這種方式代價高昂，破壞力十足。之所以會出現這種逆轉的情況，通常是因為碰上難纏的對手。

因為我的工作重點一直是放在如何應付難纏的人與充滿挑戰的情況，我想，自己或許能夠提供進一步協助。於是，我接續這個主題，寫了下一本書《突破拒絕》，幾年前更寫了另一本書《學會說不》。我在這些書中描述的方法，也幫助許多人解決日常的衝突。但我依然覺得自己遺漏了什麼。

如今我已經明白，我遺漏的是我們的第一次談判，同時也是最重要的一次談判——與自己的談判。

認同自己，可以為「讓別人贊同你」預先鋪好路。我認為這本書正是《哈佛這樣教談判力》遺漏的前半部內容，是不可或缺的前傳。但在三十年前，我尚未完全明白這些內容有多必要。若說《哈佛這樣教談判力》探討的是改變對外談判的遊戲規則，這本書要描述的就是改變內在遊戲心法，如此一來，我們才能改變外在局面。畢竟，要是我們不能先說服自己，又怎麼期待能說動別人呢？

最大的敵人，就是你自己

其實，我們每個人每天都在進行談判。如果廣義來說，談判其實就只是雙方來回溝通，試圖達到共識。

多年來，我詢問過上百位聽眾同樣的問題：「在這一整天裡，你都是在和誰談判？」通常大家會先說「我的配偶或伴侶」和「我的孩子」，接著是「我的主管」、「我的同事」、「我的客戶」，最後還會有「每個舉目所及的人」這樣的答案。但是，三不五時就會有一個人回答：「我是和在自己談判。」大家聽了不免哄堂大笑，但笑聲裡也充滿認同。

當然，我們之所以談判，不只是為了達成共識，更是為了得到我們想要的東西。數十年來，從家庭不和、董事會鬥爭，到罷工與內戰，我調解過各種困難的紛爭。在過程中，我漸漸推想出來，導致我們無法如願以償的最大阻礙並非是對方，重點也不是他（或她）有多難纏，最大的阻礙其實就是我們自己，我們成為自己的絆腳石。正如老羅斯福總統精彩的見解：「如果大部分的麻煩事都可以怪到別人頭上，踹上一腳洩憤，那麼你能坐下的時間大概只有一個月。」

當我們遇到麻煩時，當下的反應往往並非出自真心，正是這種行為阻礙了我們。像是在商業糾紛中，一位合夥人在媒體上咒罵另一位合夥人是騙子，對方惱羞成怒，一狀告上法院，讓雙方都付出極高的代價。又或是在一場敏感的離婚交涉中，丈夫按捺不住怒氣，猛烈抨擊他太太，然後怒氣沖沖地奪門而出，這種舉動讓人覺得他根本不想為了顧全家庭，心平氣和地解決問題。

我們遇到衝突時表現出來的拙劣反應，背後隱藏的是敵對的「輸贏」心態。我們認為，如果自己無法獲得想要的東西，就代表對方會得到，結果絕不可能是雙方都稱心如意。不論是企業鉅子想盡辦法試圖掌控商業帝國、小孩子搶奪玩具，還是各民族因為領土問題爭執不休，大家心中都有一個前提：只有其中一方輸了，贏家才會出現。即使我們想合作，但仍害怕對方會占我們便宜。支持這種「輸贏」心態的正是匱乏感。我們害怕資源供不應求，於是必須多為自己設想，即使犧牲別人也在所不惜。這種非得爭個「不是你死就是我亡」的思維，最後往往導致人人都成了輸家。

但是，阻撓我們成功的最大障礙，也能成為我們的最佳契機。如果我們可以學習在試圖影響別人之前先影響自己，就更能同時滿足彼此的需求。如此，我們將不再是自己最糟糕的敵人，而能成為最好的盟友。這種讓自己化敵為友的過程，正是我所說的「認同自己」。

自我認同的六大步驟

我花了好多年時間研究認同自己的過程，不僅用上我所有的個人經歷與專業經驗，還包含我觀察別人的經驗。我試圖釐清，究竟是什麼阻礙我們心想事成，讓我們無法滿足自己的需求，更遑論還要說服別人。我將所有發現彙整成一套涵蓋六大步驟的方法，每一個步驟都提出一項特定的內在挑戰。

或許，有時這六大步驟看起來就像普通的常識。但是，在我擔任調解人的三十五年時間裡，我領悟到這些「常識」其實並不尋常，因為人們鮮少加以應用。在你眼中，這些步驟拆開來看或許並不陌生，但我希望把這些步驟全部整合為一套方法，這麼做可以幫助你時刻銘記在心，讓你不僅能切實有效地運用這些步驟，而且也能貫徹始終實行。

接下來，我便簡單扼要地說明這六大步驟：

一、了解內在的感受。

第一步是了解最值得敬佩的對手，就是你自己。我們太容易掉入不停自我批判的陷阱。這裡的挑戰在於我們必須反其道而行，充滿同理心地傾聽自己的根本需求，就當作你面對的是重要的夥伴或客戶。

二、構思最佳替代方案（BATNA, Best Alternative To a Negotiated Agreement）。

幾乎人人都知道，一旦陷入衝突，我們很難不責怪別人。這裡的挑戰在於我們必須反其道而行，為自己的最佳替代方案與人際關係負起責任。更具體地說，請在你內心思考這種B計畫，對自己承諾會滿足自身的需求，不論別人是否會關照你的需求，你都要堅守承諾，不受影響。

三、換個角度看待人生。

幾乎每個人心中都會本能地產生匱乏的恐懼。這裡的挑戰在於，你必須換個角度看待自己的生活，充分創造讓你心滿意足的源頭，而且不論外界如何影響，都無損你內心的知足。關鍵在於，即使老天爺對你似乎不太友善，你也要相信命運是跟你站在同一邊。

四、活在當下。

發生衝突時，不論怨恨過去或對未來感到焦慮，都很容易讓我們迷失方向。這裡的挑戰在於我們必須反其道而行，好好活在當下，只有在此時此刻，你才能擁有力量，可以體驗真正的滿足感，並改善自身的處境。

五、無論如何都要尊重對方。

以拒絕對應拒絕，以人身攻擊回應人身攻擊，以排擠報復排擠，這些以牙還牙的方式聽起來的確很痛快。而實行這個步驟的挑戰在於，我們必須以「尊重並接納別人」這種令人意想不到的方式相待，即使對方真的很難纏。

六、聰明付出，收穫更多。

我們非常容易就落入爭奪輸贏的陷阱裡，一心只想著滿足自己的需求，尤其是資源匱乏之時更是如此。在六大步驟中最後的一個挑戰，就是要先付出而非奪取，以「三贏」的策略改變遊戲規則。

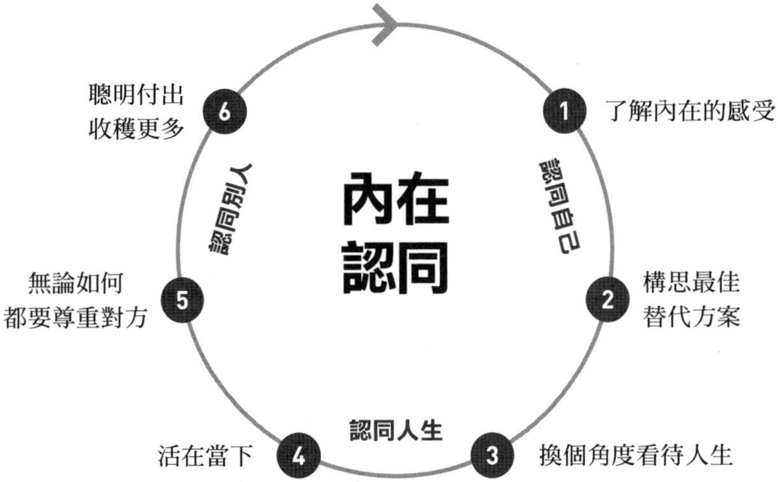

自我認同的六大步驟

我領悟到「認同自己」的過程就彷彿是通往「內在認同」的循環，正如上方的圖示。這種內在認同是無條件接受與尊重的心態，很有建設性：首先針對自己，然後再針對談判協議的最佳替代方案，最後是針對別人。

藉由「了解內在的感受」與「構思最佳替代方案」，你會對自我感到認同；藉由「換個角度看人生」與「活在當下」，你會對人生感到認同；藉由「尊重對方」與「懂得付出」，你會對他人感到認同。每一種認同都會讓你更容易獲得下一種認同，這三種認同合起來，就會形成內在的認同，讓我們更容易與別人達成共識，尤其在充滿挑戰的情況下更是如此。

我會運用自己與他人的經歷，來輔助說明「內在認同」的方法。身為調解人與談判顧問，我面臨的都是世上最難處理的衝突，這些年來，即使面對各國總統和游擊隊指揮官的抨擊，我都必須訓練自己在壓力下保持鎮定，自我觀察，先不要有反射性的回應，就算是難以尊重的人，我也得尊重對方。

我發現，用來說動別人的談判原則，同樣也可以用來說服自己；有效解決外在衝突的方法，在處理內在衝突時也可以派上用場。如果你讀過我之前的著作，會發現我用的詞彙雖然相似，但應用方式卻完全不同，主要是向內探索，而非往外觀察。如果你對我的著作很陌生也別擔心，這本書同樣會有詳細說明，足以自成立論。

儘管有時候與自己達成共識看似簡單，但通常非常不容易。事實上，根據我的個人體驗與專業經驗，我得說，達到自我認同的過程，是我們必須面對的最艱鉅任務之一。畢竟，人類是種會產生機械式反應的生物。我們天生就會自我批判，怪罪別人，害怕匱乏，在遭到拒絕時予以反擊。我試圖將自我認同的過程提煉成最簡單的形式，即使當調解的任務變艱難，尤其是情緒激昂而難以控制時，你也可以得心應手運用這些方法。

不論面臨多大的困境，我們都有能力克服困難。透過學習與練習，檢視自身當下的態度，並嘗試新的對待方式，我們不僅可以達到令人滿意的成果，也能談判成功，這些成果的價值遠遠超過我們投入的時間與努力。從我個人的經驗來看，達到內心的自我認同不僅是最具挑戰的任務，同時也是最有價值的談判。

學會與自己相處

你可以在許多方面運用內在認同的方法。比方說，在進行重要的討論、對談或談判之前，先複習上述這六個步驟。理想狀況是前一天就做好萬全準備，但如果你很忙，至少上場前幾分鐘要先稍微複習一下。

我希望你在閱讀本書的同時，也要思考在自己的生命中，有哪些充滿挑戰的狀況或問題重重的關係。只要將這六個步驟應用在特定情境裡，你不僅會獲益良多，而且也會更胸有成竹地上場，與對方達成共識，讓彼此都感到滿意。

當然，如果你能定期事先練習這六個步驟，那麼在為實際談判做準備時，就更容易與自己達成共識。就像運動員為了在比賽中發揮最好的表現而持續訓練一樣，你也可以這麼做，並非只為特定情況做準備，而是每天都要進行的練習。每一天，我們都有各種機會，聆聽並盡量滿足內心的需求，並且將「你輸我贏」的立場改變成「雙贏」的想法。如此一來，我們就可以阻止不必要的衝突，讓日常的談判變得更容易。

對於不習慣往內心探索的人來說，這種自我認同的家庭作業，感覺或許有點像熱身的伸展運動，不妨慢慢來。身為終生的健行者與登山客，我非常相信長途旅行是由每個一小步所逐步累積而成的。

最終，內在認同的方法不僅能提供新的生活方式，也能讓你妥善處理人際關係，包括家庭、職場和世上所有的人際問題。許多讀者或許還記得《與成功有約》這本富有洞察力與實用性的書（作者是我已故的朋友史蒂芬・柯維），本書的目標同樣也是提供一套生活技巧，讓你活出成功且滿意的生活，與別人好好合作，而這一切都源自於學習與自己共處，與自己好好合作。

儘管本書的目的是要加強你有效談判的能力，但最初我在構思這本書時，其實心中有個更大的目標，我相信，一旦我協助你達到內在的滿足，以下的這些願景就能一一實現——你的生活會更美好，關係更健全，家庭更快樂，工作更有效率，而且世界也會更和平。我希望閱讀本書能幫助你在世上最重要的遊戲——人生之中，成功稱霸。

POINT

在試圖影響別人之前，要先影響自己。如果我們無法滿足自己的需要，更遑論能說服別人。想要與別人合作愉快，都得從學習與自己相處，與自己好好合作開始。以下就是能讓你達到內在認同的六大步驟。

一、【照顧自己，了解內在的感受】——少點自責，多聽自己

把砲口對外的談判，轉為關注自己的內心感受。從局外人的角度觀察自己真正的想法與感受，能讓自己從心煩意亂的念頭中抽離。

二、【想好B計畫，此路不通就轉彎】——少怪別人，多靠自己

即使無法與對方達成共識，也要有一個最佳替代方案做為下一步的行動方案，並從照顧自己內心需求的角度出發。

三、【別拒絕人生，只要換個角度看待】——少點不足，多點知足

我們可能當不成人生的編劇，但可以選擇成為導演，拿回命運的主導權。如果我們能學會為自己的人生負責，就不會凡事怨天尤人。

四、【活在當下，接受就會帶來平靜】——放開煩憂，抓緊現在

我們很容易陷入過去不愉快的經驗，一心想著過往以及報復的快感，遲遲不肯放下。然而不管我們面對什麼衝突，那些終將過去，沒有任何事情比「生命此刻的圓滿」更重要。

五、【尊重，是代價最低的讓步】——少點反擊，多點包容

我們常會站在自己的角度解讀並判斷別人說的話。如果能設身處地，用對方的眼睛來看世界，如此，我們聽到的就不只是「語言」，還包括對方的情感與言外之意。

六、【願意付出，你會獲得更多】——不爭輸贏，大家共贏

施比受更有福。從互爭輸贏的解決方法提升到雙贏、甚至是三贏的目標，不僅能與自己達成共識，更容易與別人達成共識。

第一章

照顧自己，了解內在的感受

從自我批判到自我了解

「你了解自己嗎？我要是真了解自己，肯定會逃之夭夭。」
——歌德——

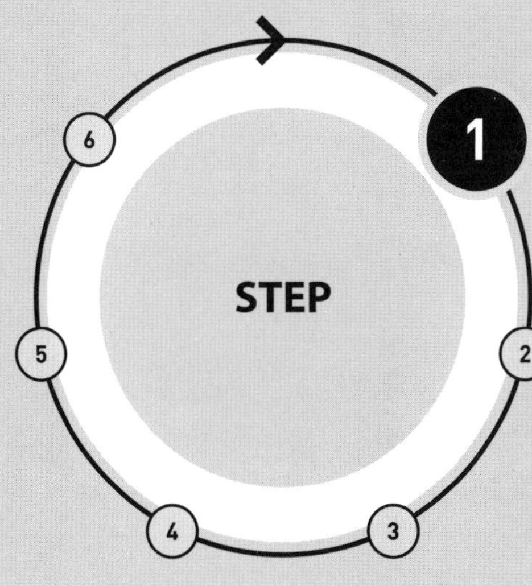

在發生衝突的情況下，聽別人說話是很困難的事，這其中的主要阻礙或許是來自你心中未被聆聽的情緒與念頭。

如果能傾聽自身的情緒，你會發現這些情緒將為你指點方向，讓你看見被忽略的焦慮與欲望，並發掘深藏內心的需求。

我在寫這本書時，有兩位女士向我尋求協助，她們是阿比里奧・狄尼茲（Abilio Diniz）的太太與女兒。

阿比里奧是巴西知名的成功商人，他和父親從一間小小的麵包店起家，漸漸擴展成巴西最大的連鎖超市。當時，阿比里奧與他的法國合夥人為了爭奪這家連鎖超市的經營權，正陷入曠日耗時的複雜糾紛之中。雖然阿比里奧已將控股權出售給法國人，但他依然是董事會主席與大股東。早年愉快的合作關係，如今卻演變成死對頭。雙方提請國際仲裁的案子正在進行中，形成一起大型訴訟案。於是，這場鬥爭成了媒體持續臆測的話題。究竟誰會是贏家？《金融時報》稱這場紛爭為「史上最大的跨洲董事會對決之一」。

阿比里奧陷入衝突的困境，看不見出路，而這場鬥爭也耗盡他的時間與資源，讓他大感挫敗，怒火中燒。這場已經持續兩年半的惡鬥，一般預測將會繼續纏鬥八年，屆時他將邁入堂堂八十大壽了。

我仔細研究這個案子之後，前往聖保羅，造訪阿比里奧一家，與他們深談。阿比里奧與法國合夥人之間的衝突看似複雜，難以解決，但我意識到首要的阻礙在於阿比里奧的內心。他自尊心極強，自然會覺得合夥人非常不尊重他，對他太過惡劣。他不知道自己到底想要什麼，究竟是要力爭到底，還是要和解？每次進出董事會的會議室，他發現自己說出口的往往是違心之論，純粹只是出於憤怒的反應。就像我們大多數人一樣，他成了自己最大的敵人。

在我看來，解決紛爭的第一步是，阿比里奧必須搞清楚他心裡真正的優先順序。所以我問他：「你真心想要的是什麼？」他第一個反應是列了一連串清單給我：他想要以特定價格賣掉手上持有的股票；他想要取消長達三年的競業禁止條款，因為礙於這個條款，他無法收購其他超市；他想要得到許多其他的資產，包括房地產。

我又繼續問他：「我知道你想要這些具體的東西。但是，這些東西將帶給你什麼？看起來像是擁有一切嗎？此刻在你的生命中，究竟你最想要的是什麼？」

他停頓了一會兒，先是移開目光，然後又再回頭看著我，嘆道：「自由。我想重拾我的自由。」

「那自由會帶給你什麼？」我問道。

「跟家人相處的時間，這是我生命中最重要的事。」他答道，「還有，自由可以讓我追求事業上的夢想。」

當時，他內心最迫切的需求是自由。自由對我們所有人來說都很重要，但對阿比里奧的意義更是不同凡響，因為他曾經歷一段痛苦的往事。

幾年前，他走出家門時，遭到一群城市游擊隊綁架。綁匪把他關在極小的隔間裡，只留兩個針孔大的洞口讓空氣流通，還用震天價響的音樂轟炸他的耳朵，當時他心想，他隨時都可能被殺。幸好，他遭到囚禁一週後，在一場警察突襲搜查的行動中獲救。

一旦阿比里奧和我釐清了他內心最深刻的需求，「追求自由」的目標就像北極星一樣，能指引我們共同努力的方向，引導我們所有的行動。他和我以及同事萊克斯教授終於能坐下來與對方談判，在短短四天內就解決了這場耗時多年的激烈鬥爭。每個人都意外地對最終的解決之道感到滿意，至於詳情，我稍後會在本書第六章中詳細敘述。

我們都希望生命中凡事皆能如願以償。但是，就像阿比里奧一樣，問題出在我們往往不太清楚自己真心想要什麼。我們或許也想讓生命中的其他人感到滿足，像是我們的配偶或伴侶、同事、客戶，甚至是與我們談判的對手。但是，問題在於我們也往往不太清楚他們真心想要什麼。

每當人們問我最重要的談判技巧是什麼，我通常會回答，如果只能選一項的話，我會說是「站在別人立場思考的能力」。畢竟，談判是發揮影響力的活動，在談判過程中，我們會試圖讓別人改變心意。而要改變別人心意的第一步，正是搞懂對方的心思。

不過，站在別人的立場思考是件困難的事，尤其是彼此正處於衝突或談判中時更是如此。我們往往一心只想著自己的問題與需求，只能稍微分神去考慮對方的問題與需求，有時甚至完全沒有餘裕去想別人的事。比方說，當我們向主管要求加薪時，或許滿腦子只想著要如何解決自己的問題，而沒把焦點放在「公司預算吃緊」的問題上。然而，除非我們能幫公司解決問題，否則主管根本就沒有能力為我們加薪。

有個優先但卻常被忽略的關鍵步驟，可以幫助我們釐清自己想要的是什麼，並間接也了解別人想要什麼。這個步驟就是先站在自己的立場思考，聆聽自己的心聲，如此可以察覺你真正想要的是什麼，同時也能釐清你的思緒，如此一來，你在心智與情緒上都會有餘裕聽進別人說的話，了解他（或她）真心想要的是什麼。

像是在上述那個加薪的例子裡，如果先傾聽自己的心聲，就可以幫助你聽進主管的話，了解公司預算吃緊的問題。

「站在自己的立場多想想」，這句話乍聽之下可能很怪。我們不是早就站在自己的立場了嗎？但是，想要確實做到卻不如表面上看來那麼容易。我們的天性就是會嚴厲批判自己、忽視或否定部分的自己。如果我們太過貼近檢視自己，或許就會像歌德所說的「想要逃之夭夭」。有多少人可以保證已經探究過自己智識與心靈的深度？有多少人願意懷抱同理心與寬恕的態度，定時傾聽自己的心聲，就像一位值得信任的朋友，對自己鼎力支持？

以下三種行動會對你有幫助：首先，從「陽台」觀察自己（即先讓自己冷靜）。第二，懷抱同理心，傾聽自己的心聲，更深刻地探究你的內在感受真正想對你傳遞什麼訊息。第三，繼續往下探究，發掘隱藏在你內心深處的需求。

「走到陽台」，先讓自己冷靜一下

眾所周知，富蘭克林是位非常實際的科學人，早在兩百五十年前，他的個性就在《窮理查年鑑》中表露無遺：「這世上有三樣東西，堅如磐石，難若登天：鋼鐵、鑽石與了解自己。」對於最後者，他的建議是：「要觀察所有人類，尤其是自己。」

如果你在談判與衝突的壓力下觀察自己與別人，就會發現我們有多容易被別人的言行舉止與說話口氣激怒。不論是小至夫妻吵架、職場爭執，或大至國家內戰，幾乎我調解過的所有糾紛都有相同的模式，就是：一個反應會引發另一個反應，然後再引發下一個反應。像是：「你為什麼攻擊他？」「因為他攻擊我。」就這樣周而復始。

當我們所有言行舉止都只是出於反應，就會落入典型的模式，我稱為「3A陷阱」：我們攻擊，我們屈意配合（換句話說，就是讓步），或我們完全逃避，而這往往只會讓問題惡化。又或者，這三種方式我們全都用上。我們也許一開始會逃避或讓步，但沒多久，我們就再也受不了了，於是反擊。然而一旦事與願違，反而會惹火上身，我們就又落入逃避或讓步的惡性循環中。

這三種常見的反應都不是出於真心。一旦引發「戰或逃」的反應，我們的血液就會從大腦流到四肢，思考能力明顯減弱。我們忘了自己的目的何在，往往做出違反心意的舉動。當我們出於反應而行動，就等於放棄了自己的力量——其實我們原本是有能力對別人造成正面影響，讓情況好轉的之所以會反其道而行，我們實際上抗拒的是自己的心意，我們否定的是自己。

但我們有其他選擇。我們不需要出於反應而行動，也可以學習觀察自己。在我的教學與著作中，我都強調「走到陽台」的概念。所謂「陽台」，是象徵心智與情緒的空間，那裡充滿洞見、冷靜與自我控制。如果人生是舞台，我們所有人就是舞台上的演員，從陽台這個地方看戲，視野更清楚。為了觀察自己，隨時前往陽台是很重要的事，尤其是在進行任何艱鉅的對話或談判的前、中、後各種時期。

我記得有一次在局勢緊張的政治仲裁庭裡，某國的總統憤怒地對我吼了將近三十分鐘，指責我未能看穿反對黨的詭計。當時，我之所以能保持冷靜，是因為我默默留意了自己的感受、情緒與念頭：「這不是很有趣嗎？我感覺下巴緊繃。我察覺到內心有些恐懼。我感覺自己臉漲紅了。我覺得難堪嗎？」像這樣，正視自己的感受，能幫助我消除那位總統對我咆哮引發的負面情緒反應。我可以從陽台觀看，把整起事件就當作是場戲。在恢復鎮定後，我便能與那位總統重新展開對話。

這就是重點所在：不論何時，只要你感覺自己因為一閃而過的念頭、情緒或感受而動搖，你就會面臨一個簡單的抉擇：是要慎思明辨，或是混淆不清。你可以觀察並辨識這些念頭；或是放任自己受制於這些想法，也就是把自己跟這些念頭「混為一談」。

替這些念頭、想法或感受命名，有助於你從中抽離，不會過度認同或陷入其中。例如：喔，那是我的老朋友菲爾（Fear，即恐懼）；現在這位是自我批判先生……利用這樣的方式，藉此降低它們對你的影響，幫助你保持平衡與冷靜。

我的朋友多娜還喜歡利用英文的諧音，為她的反射式情緒取一些好笑的名字，例如「恐懼弗雷迪」（Freddy Fear）、「批判茱蒂」（Judge Judy）和「憤怒安妮」（Anger Annie）（幽默感也是你最好的朋友，可以幫助你重拾來自陽台的洞見）。一旦你為劇中所有角色取好名字後，就可以與自己保持距離。

觀察自己，好讓我們不會出於反應而行動，這種做法看似容易，其實做起來很難，特別是當棘手的對話或談判正如火如荼開展時。正如一位企業主管最近告訴我的：「我自認是個冷靜的人，在職場的表現也確實如此。但有時候，我發現自己會對太太發飆。為什麼我不能像在工作時一樣保持冷靜呢？」

最近，有位名為夏洛特的媽媽告訴我，她與四歲兒子相處時，挫敗感日益加深。她希望能與兒子建立充滿信任的親密關係，但他每天晚上都拒絕上床睡覺，讓她快抓狂了。她的敘述證明我們很難抗拒直覺反應的誘惑，以及練習自我觀察的確有助於我們做出更好的選擇。夏洛特這樣寫道：

「面對新發現的情緒，我感到既著迷又害怕，於是我開始更近距離地觀察『憤怒』究竟是什麼感覺。我首先察覺到的是，憤怒有種煽動人心的吸引力。有好幾次，我幾乎可以看到自己就站在情緒的十字路口，其中一條路是通往冷靜與善意的解決之道，另一條則通往勃然大怒。我覺得好難抉擇，有時候甚至必須用盡全力，才能避免走到後面那條路上。在那個當下，表達憤怒就是我最想做的事；憤怒對我有莫大的吸引力，還有壓倒性的說服力。」

夏洛特好奇地研究這種煽動她對孩子發飆的強烈吸引力，並得以一窺她所說的「十字路口」。在那個當下，她若不是向怒氣低頭，就是要冷靜地解決問題。如果她放任自己的怒氣，那麼她的兒子就會出於自我保護而跟她保持距離。如果她保持冷靜，就可以朝她在乎的目標邁進——與兒子建立充滿信任的親密關係。讓她得以保持在平衡狀態的，正是這種時時察覺自己的反應模式，並明白自己其實可以選擇避免反射性的行動。

正如夏洛特所領悟的，自我觀察是發展自主能力的基礎。你也不妨試試看。當你與別人互動時，一旦心裡浮現憤怒、恐懼與其他讓人心煩意亂的情緒，務必要留意。效法夏洛特，站在局外觀察這些情緒，以及這些情緒帶給我們什麼感覺。看看你能不能找出自己的十字路口，意即在當下，你可以選擇一時衝動的反應，或是經過深思熟慮後的回應。後者可以讓你進一步邁向你真心關切的目標。

自我探究，成為自己的旁觀者

如果想要養成自我觀察的習慣，培育「內在的科學家」將對你大有幫助。你就是研究者，而研究的主題就是自己。心理學家甚至還幫這種方式取了名字，稱為「自我探究」（me-search）。倘若你能夠運用研究精神處理自己的思緒與感受，將能幫助你保持平衡與冷靜。此外，若要精通觀察技巧，就需效法優良的科學家，以客觀公正與開放的心態觀察現狀，並盡可能暫時停止自我批判。

我們都太容易批判自己，認定自己的念頭與情緒非錯即對、非好即壞。但是，在心理學的觀念中，我們的感受與想法並沒什麼不對的地方。行動會出錯，但想法或感受不會。當我們身為內在的科學家時，即使面對黑暗的念頭與情緒，都要將之視為有趣的研究素材。我發現我可以持續自問一個簡單卻力量強大的問題：「難道這不會令人感到好奇嗎？」這個問題會創造距離感，打開通往求知之路，而非踏上批判之道。這些年來，我已經養成自我觀察的習慣，也漸漸領會印度哲人克里希那穆提的箴言：「智慧的最高形式是不帶批判的觀察。」

要訓練自己不帶批判性地觀察，可以在每天保留一小段時間，只要短短的五或十分鐘就好，安靜地坐在一個舒適的地方，閉上眼睛，單純觀察心裡閃過的思緒與感受，就像看著天空飄過的雲朵一樣。如果你停留在一個念頭或感受上，或甚至出現嚴厲的自我批判時，不妨安然以對。你只需要察覺到自己卡住了，然後放掉那些想法，把思緒拉回當下，繼續觀察就好。這是一種正念的練習，你練習愈多次就會愈上手，也能逐漸熟悉心智的運作方式。

想像你剛打開水龍頭裝了一杯水，水裡充滿氣泡，混濁模糊，無法透視。不過，如果你靜待一會兒，氣泡就會慢慢消失，水也會變清澈。我們現在試圖對心智做的事正是如此：讓氣泡沉澱，我們才能洞悉自己內在當下的情況。在打一通充滿挑戰的電話或參加棘手的會議之前，我發現即使只花一分鐘靜心，都會有很大的幫助。花一分鐘與自己獨處，並且閉上雙眼，更有助於觀察思緒、情緒與感受，讓內心平靜，然後我便可以在對話過程中更專注。這是非常容易的技巧，隨時隨地都可以進行。

學習觀察自己看起來很簡單，但做起來並不容易，尤其是當我們面對衝突時更是如此。透過不斷地練習，你可以愈做愈好。最理想的情況是，「陽台」不只是我們三不五時造訪的地點，而該是個大本營。當你與別人互動時，你可以學習一邊在台上演戲，一邊從陽台觀看整齣戲。當然，你必須透過練習才能達到這種境界。然而，只要你能以澄澈平靜的心思面對生活，不但能改善人際關係，也可以輕鬆獲得真心渴望的利益。

停止批判，用同理心傾聽自我

根據心理學家估計，我們一天產生的念頭，在一萬兩千個到六萬個之間。大多數（高達八〇％）都是負面想法，像是忘不了自己犯過的錯、在內心交戰的罪惡感，老想著自己的缺點……等。對有些人來說，內在的批判聲浪嚴厲而強烈，也有些人聽到的音量較微弱，但無論如何，或許都無人能倖免。

「你說錯話了！」、「你怎麼可以一直這麼盲目？」、「你做得糟透了！」每一個負面的思緒都等於在否定你自己。有句俗話說：「如果你用對自己說話的口氣對朋友說話，你絕不可能交到朋友。」

自我批判可說是自我了解的最大阻礙。如果我們想要了解別人，最好的方法莫過於懷抱同理心，像好朋友一樣傾聽他們說話。同樣地，當我們想要了解自己時，也可以懷抱同理心，聆聽自己的心聲。請試著以尊重與正面的態度，專注於自己內心的聲音，不對自己說負面的話。接受你原本的樣貌，放棄自我批判。

人們常常把「同理心」與「同情」混為一談，但兩者並不相同。同情意味著「陪對方一起感受」，代表為別人的不幸感到遺憾，但不見得能理解對方的處境。相反地，同理心意味著「感同身受」，代表能了解置身其中的感受。

帶著同理心傾聽自己的心聲，這種做法比純然觀察的層次更加深入。觀察是只從外在觀看，而傾聽卻是從內在去感受；觀察提供超然獨立的視野，而傾聽卻帶來親密無間的理解；觀察提供的是科學家的研究精神，讓我們了解甲蟲在顯微鏡下的模樣，而傾聽是讓你更進一步了解身為甲蟲的感受。這兩種方式都讓我們獲益良多。人類學家發現，了解國外文化最好的方式是，一方面要積極主動地參與，另一方面又同時保有局外人的觀點。我發現，這種所謂的「參與觀察法」，對了解自己同樣也有幫助。

當我聆聽自己的心聲時，我察覺到每天出現問題的情緒大致上都差不多。舉例來說，每天只要一想到待辦清單似乎永無止盡，一股焦慮就會習慣性地在心裡浮現：我能完成所有的工作嗎？為了了解這些反覆來襲的情緒，並降低這些情緒的強烈程度，我想出一個每天練習的方法：早上，我想像自己坐在餐桌旁，只要有任何一種熟悉的念頭或情緒湧現，例如焦慮或恐懼、羞愧或驕傲，我就請它坐在我想像的位置。我已經學會歡迎所有的訪客，一個都沒遺漏。我試著把它們當作老朋友或熟人般款待，事實上我們也確實與它們很熟。等餐桌坐滿了訪客，我就聆聽這些情緒與念頭彼此自由暢談。

至於內在批判呢？我也為它在餐桌保留了一個位置。如果我試圖壓抑或排擠它，它只會遁入地下，繼續躲在暗處大肆批判。我發現，最好的方法就是接受它，將之視為我生命中固定出現的角色。我甚至懂得該如何欣賞它，其實它就像是位年邁的長輩，自以為在保護我，但往往只是阻礙我前進。我領悟到，馴服它最好的方式，就是接受它。

我發現，就算這麼做沒有其他好處，但透過這種餐桌練習，至少可以幫助我持續意識到這些固定出現的情緒或念頭，這樣一來，它們就不太可能出其不意地擊潰我。我察覺到，尤其是在聆聽陰鬱的情緒或念頭時，我通常會矢口否認或加以汙名化。憤怒正是其中之一。我也意識到，如果我不承認自己正在憤怒，拒絕聆聽憤怒背後的訊息，憤怒就會在我最出其不意的時候，破壞力十足地爆發出來。比方說，我在與太太進行敏感對話的時候。

厄瓜多前總統哈米爾・馬瓦德曾是我在哈佛的同事。有一次，他分享如何把情緒放在鎂光燈下，藉此漸漸學會處理這些令他痛苦的情緒。「我家族中的男性不太接受悲傷這種情緒。我的家族前人如果真的很傷心時，他們會藉由發怒來轉移這種情緒。」他說道，「我也有同樣的困難。對我來說，與痛苦、悲傷建立連結，不是件容易的事。但是，唯有承認情緒的存在，把這些陰影攤在陽光下，你才能把那種『全新』的體驗融入你的本質。」透過把痛苦的情緒「攤在陽光下」的方式，哈米爾得以控制自己的怒氣，遵照「陽台觀點」行事。當他與祕魯總統進行艱難的和平談判時，他就運用這種做法，從此終結這場當地歷時最久的戰爭。

請記住，傾聽不只是理智上的練習，也是情緒與身體上的練習。舉例來說，當你感到害怕時，試著感受身體裡的恐懼。你有什麼感覺？冰冷？胃的深處會感到不適嗎？你的喉嚨乾渴嗎？辨識這些熟悉的感覺，並與這些感覺共處片刻，別急著抗拒。試著放輕鬆，感覺自己融入恐懼中。如果可以的話，不妨也將恐懼帶入呼吸中，你就能開始慢慢釋放恐懼。

像這樣深度聆聽自己的心聲，如果對你來說太過棘手或難度太高，不妨找朋友幫忙，甚至也可向專業諮商師或治療專家求助，請他們聽你訴說，直到你養成傾聽自己的習慣為止。又或者，你也可以考慮寫日記。我發現，寫下自己的感受與思緒，即使只花幾分鐘，都能幫助我發現自己在匆忙生活節奏中對內心想法視而不見的模式。

在你展開困難重重的對話或談判之前，請先傾聽自己的心聲，你可以藉此釐清自己的思緒，這樣一來，聆聽別人說話就更不費吹灰之力了。我也留意到，對人們來說，聽進別人說話有多困難，尤其是在發生衝突的情況下。這其中主要的阻礙會不會是來自所有未被聆聽的情緒與念頭，它們為了引人注意而吵鬧不休，因而擾亂了我們的心？會不會聆聽別人說話的祕訣，就在於先傾聽自己的心聲？

探索內心，看清問題根源

如果你能傾聽自己的情緒，尤其是反覆出現的不滿，你會發現這些情緒將為你指點方向，讓你看見被你忽視的焦慮與欲望。若能經過適當地解讀，這些情緒就可以幫助你發掘內心最深處的需求。

在亞瑟王的古老傳說裡，來自宮廷的年輕騎士滿腔熱血地出發尋找聖杯。經過一個月的尋覓，他終於在樹林裡看到一座宏偉城堡的幻影。一踏進城堡，他就發現一位受傷的年邁國王與許多騎士坐在一起，而宴會桌上放的銀杯正是聖杯。年輕騎士當下驚訝地說不出話來。而正當他正苦惱著要對國王說什麼話時，城堡卻突然消失了，獨留他一人垂頭喪氣地在森林裡。

之後，他繼續踏上尋覓的旅程。數十年過去了，卻始終一無所獲。直到有一天，他來到樹林，同一座城堡出現在他面前。騎士走進城堡，又看到國王與桌上的聖杯。現在的騎士不僅更年長，也更有智慧了，他立刻直覺想到該說什麼話。他問年邁的國王一個簡單卻極有力的問題：「你內心有什麼困擾呢？」當騎士聆聽國王的苦惱，發掘他內心深處的需求時，友誼在他們心中漸漸滋長。出於這份友情，國王把許多人求之不得的聖杯送給了騎士。

這就是問對問題的力量。我們每個人都可以從騎士身上學到教訓，捫心自問：是什麼困擾著我們？在生活中，哪些方面讓你不快樂或不太滿意？是工作或金錢嗎？還是家庭、友情、健康或整體幸福感出了問題？不滿足的感覺其實是你的內心需求藉此與你溝通的一種語言。當你的需求沒有得到滿足時，自然會感到焦慮、恐懼、憤怒或悲傷。那麼，隱藏在這些情緒底下的需求是什麼呢？你最想要的是什麼？你內心深處的動機又是什麼？你愈了解自己的需求，就愈能滿足這些需求。

我曾經在一場慘痛的內戰中，以第三方的身分參與調解。那場內戰已經在蘇門答臘的叢林裡進行了二十五年。有一次，我與帶領反叛運動的幾位領袖開會，詢問他們真正想要的是什麼。「我明白你們在這場衝突中的立場，你們想要獨立。」我進一步闡述：「但是，再多說一些你們真心關切的是什麼。你們為什麼想要獨立？」我至今依然記得當時那陣令人尷尬的沉默，他們絞盡腦汁想要回答這個基本的問題。

他們主要是為了追求自治這樣的政治因素而抗爭嗎？還是為了掌控自然資源的經濟因素？或是能保護自身免於威脅的安全考量？或是為了保有接受母語教育權的文化考量？如果他們不只為了一個原因而抗爭，優先順序又為何？待真相漸漸浮現，儘管他們清楚自己的立場是追求獨立，但卻不太明白在追求獨立的背後，隱藏了什麼更深的動機。上千人死於這場鬥爭，但他們的領袖卻無法有條理地說出潛在的原因。

在我的談判經驗裡，我發現人們通常都非常清楚自己的立場，例如：「我想要加薪十五%。」然而，他們往往並未深入探究自己真正關切的重點，也就是他們潛在的需求、渴望、掛念、恐懼與抱負：他們想要加薪，是因為他們在乎自己是否得到認可，還是為了追求公平，或是為了生涯發展、滿足某些物質需求，又或者以上皆是？

在談判過程中，一個神奇的問題就能揭曉你真正在乎的重點與需求：「為什麼？」「為什麼我想要這個？」這個練習十分重要，你務必要持續問自己為什麼，需要問幾次就問幾次，直到你能追根究柢，找到自己的需求。你愈深入挖掘自己潛在的需求與關切的事，就愈可能發明創意十足的選項，得到讓你滿意的結果。以加薪的例子來說，如果你在乎的是獲得認可，那麼即使限於公司預算，你的主管沒辦法給你期待的高薪，或許你依然可以藉著獲得新頭銜或執行能獲得聲望的任務，而感到滿足。發掘內心關切的事，能為你打開全新的可能性，或許你以前可能連想都沒想過還有這種選項。

再回頭說說內戰的例子。我和同事深入挖掘這些反叛軍在追求獨立的立場背後，潛藏著什麼心思。我開始在翻頁式圖表上寫出他們對於「為什麼」的回答：自治，掌控他們的經濟資源，保存他們的文化和語言等等。我提出的下一個問題是：「什麼樣的策略，最能幫助你們達到這些目標？」是繼續作戰嗎？反叛軍的指揮官毫不遲疑地承認，因為政府的軍隊戰力強大，這場戰爭甚至在十年內都不可能打贏。那麼或者，最好的策略是成立政黨，競選公職？

反叛陣營花了幾年的時間爭論這個問題，最終選擇第二條政治途徑。他們決議已定後，便著手與政府進行和平協議的談判，政府同意給予自治權，讓他們掌控自己的資源，並擁有保存文化的權利。到了省區選舉時，反叛軍的指揮官成為省長與副省長。儘管他們沒能如願獨立，但卻進一步獲得策略上的利益。當你發掘自己真正關切的事情後，並專注於此事時，就會帶來這種力量。

當我們愈深入探索自己潛在的需求，那些需求就會愈傾向共通的人性：

「你為什麼想要加薪？」

「為了更有錢。」

「你為什麼想要更多錢？」

「這樣我才能結婚。」

「你為什麼想要結婚？」

「因為婚姻能帶給我愛。」

「你為什麼想要被愛？」

「當然是為了要快樂啊！」

於是，最基本的渴望——被愛與快樂，是人性共通的需求。這或許看起來顯而易見，不過，發掘這種人性共通的渴望，其實可以讓我們展開一連串全新的內在提問。例如，如果加薪幅度不如你的期望，你還是會快樂嗎？你的快樂是否取決於加薪或結婚上，還是你的快樂源於你自己、你的內在？這可不是毫無根據的問題。如果你可以找到體驗源自於內在的愛與快樂的方法，你就更可能獲得愛與快樂，不論你有沒有結婚、加薪，都不會有影響。

在我們基本的心理需求中，有兩項人性共通的需求特別突出。首先，我們需要受到保護，感覺自己很安全，這項需求可以確保我們遠離痛苦；此外，我們還需要與人建立連結或感受到愛，這項需求可以確保我們擁有快樂。誠然，生命的本質就是充滿不確定與不安全，而愛總是無法得到滿足，我們這些需求自然無法永遠得到完全的滿足。但，我們可以踏上這趟追尋的旅程。

改變自己，就從自我接納開始

回到前述客戶的例子。即使阿比里奧・狄尼茲已經發現自己最深的需求是自由，但他一路走來在內心裡依然有許多掙扎。就在我與他討論後不久，阿比里奧接受一家主流雜誌的採訪，在報導中，他強調為了好好過生活，他的心已然超脫，不再局限於和前合夥人的紛爭。然而，在報導的引言中，記者指出阿比里奧直呼他對手的全名多達三十八次，看起來不太像如他所聲稱的豁達。隔週，阿比里奧參加公司的董事會會議，儘管他極力想要保持冷靜，卻仍受不得激，大發雷霆，一再怒罵對手是懦夫。他發現，不管怎麼努力，他都很難留在陽台上。

後來，我與阿比里奧聊天時（在合作的過程中，我們已經變成朋友），他告訴我：「真的，我還是一肚子火。怎麼辦？我不知道自己到底想要什麼。有時候我想終結這場爭端，但有時候又想繼續抗爭。或許我也只能繼續抗爭。也許我根本就該好好享受這種對抗的過程。」

我們在與自己達成共識的過程，往往會跟阿比里奧的遭遇一樣困難。當我們在職場、家庭或更遼闊的世界裡，遭遇到問題重重的情況時，通常也會因為不知如何取捨而苦惱，而且很容易就繼續採取反射性的舉動。這正是為什麼懷抱耐心與勇氣，練習站在自己的立場會如此重要了。

然而，阿比里奧決定繼續堅持努力。他與太太、家人花了很長的時間進行親密的對話。他每個禮拜都去找治療專家諮商，探索內心最黑暗的感受，他也會和我討論，像是他與自己的脾氣角力，以及如何以更自制更專注的方式，學習花更多時間待在陽台上。他原本是自己最惡劣的敵人，但透過自我了解，他接納真實的自己，搖身一變，成為自己的盟友。這樣的方式，也為他帶來更豐厚的報酬：重拾自己的生活。

即使我們還沒上談判桌，與他的對手一決勝負，他仍堅持以具體行動追求自由。後來，他成為另一家大公司的董事會主席，找了一間新的辦公室，他和家人終於共度延宕許久的假期，他也開始洽談新的生意。這種應允自己的行為，為他的談判開啟了新的可能性，即當他與對手真正進行談判時，雙方都不會成為輸家。這也使一切大不相同，我們稍後在本書中會明白其中奧妙。

這個故事提醒我們，當你與別人展開談判時，站在自己的立場能幫助你了解自己，接納本來的自己。如果自我批判是否定自己，而自我接納則是肯定自己，後者是我們能給自己的最好禮物。

有些人可能會擔心，一旦接受本來的自己，將使我們喪失改變的動機，但我發現真相往往相反。接受自己會創造出安全感，進而更容易面對並解決問題。正如人本主義心理學的創始者之一卡爾・羅傑斯（Carl Rogers）所言：「奇特的矛盾之處在於，當我完全接納自己時，我就能改變自己了。」

既然你已經站在自己的立場，而且也發掘了你的需求，下一個問題自然就是：該從何處尋找滿足這些需求的力量呢？在與自己達成共識的過程中，這是下一項挑戰。

POINT

- 最重要的談判技巧是什麼？如果只能選一項的話，我會說是「站在別人立場思考的能力」。因為談判是發揮影響力的活動，在談判過程中，我們試圖讓別人改變心意。改變別人心意的第一步，正是搞懂對方的心思。
- 如果與人有不同的意見時，能先站在自身的立場思考，釐清自己的思緒，這樣在心智與情緒上都會有餘裕聽進別人說的話，了解對方真正的需求。下面三種行動可以幫助你自我覺察：一、「走到陽台」，先讓自己保持冷靜；二、傾聽內心的聲音；三、發掘深藏在內心深處的感受。
- 在與別人展開談判時，站在自己的立場能幫我們了解並接納本來的自己。唯有完全接納自己，才能改變自己。

第二章

想好 B 計畫，此路不通就轉彎

從相互指責到自我負責

「我看到太多人將最後一小塊食物、一口水讓給需要的人，他們心裡十分清楚，誰都奪不走我們身為人的自由──不論我們置身於什麼樣的環境，都可以選擇自己的路。」

──維克多．法蘭可，摘自《活出意義來》，關於他在納粹集中營的生活──

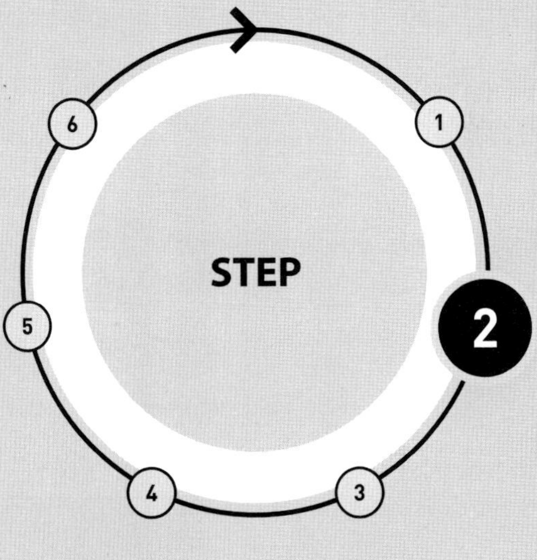

在每一次破壞力十足的衝突中，「互相指責」往往是主要的爭執模式。如果把一切問題都怪罪到別人身上，就等於把思考的重點都放在對方的力量與自身是受害者的狀態上。

我們無視自己在衝突中扮演的角色，也忽略我們其實能自由選擇如何回應。我們拱手讓出了自己的力量。

一九八〇年代中期，我協助促成蘇聯高層與美國政策顧問展開一系列會議，探討如何防範核武戰爭。那時候時間緊迫，偏偏這兩大超級強國卻又一再互相指責。每次舉行會議，通常都得先經歷漫長的口水戰洗禮，讓氣氛破壞殆盡，也浪費許多寶貴時間。到了第三次或第四次會議，我和同事決定改變方針。我們在議程表上，標示會議第一階段的主題是「互相指責」，然後把進行的時間安排在早餐之前，任何想參加的人都可以到場與會。結果，每個人都一點就透。

就我所見，幾乎在每一次破壞力十足的衝突中，核心模式往往是互相指責。丈夫指責妻子，管理階層指責工會，政治人物指責政治對手，反之亦然。指責通常會在對方心裡激起憤怒或羞愧的情緒，因此引來對方反擊。然後周而復始，一再循環。

把責任都推到和我們起衝突的那些人身上，這種做法確實很誘人。畢竟，是誰開啟爭端的？要不是那個人的話，事情會變成這樣嗎？指責別人能讓我們感到無辜，我們才是遭到錯待的人，我們開始感到正義凜然，甚至高人一等。即使心裡可能還殘存一點罪惡感，最後都會在指責下適度轉化。顯然，指責別人在情緒上能帶來很多好處。

不過這些年來，就我親眼目睹的無數衝突來看，互相指責的代價高昂。指責會讓我們擴大不必要的爭端，無法解決問題，毒害彼此的關係，浪費寶貴的時間與精力。或許最大的潛在害處是，指責會削弱我們的力量，不論是夫妻爭吵、辦公室口角或超級強國之間的衝突，當彼此的關係出了錯，而我們把一切問題都怪罪到別人身上，就等於我們把思考的重點都放在對方的力量與自身的受害者狀態上。我們無視自己在這場衝突中扮演的角色，也忽略我們其實能自由選擇如何回應。我們拱手讓出了自己的力量。

如果想要與別人達成共識，尤其是當我們每天面對更棘手的情況時，就必須設法不玩這種指責遊戲。為了改善現況，我們必須重拾自己的力量。當我為了美國與蘇聯之間的核武危機而努力解決問題時，也研究了其他領域的危機管理，例如商業界。

當時，說到成功應付絕望的困境，最眾所矚目的例子應該要屬一九八二年嬌生公司針對泰諾（Tylenol）止痛藥危機的回應。如今，這已經成為經典的研究案例，不過，若時光回溯到剛出事的時候，這家公司的解決之道真是令人大開眼界。當時，日復一日，一連好幾週，全國的新聞頭條都在報導芝加哥有六名成人與一名幼童，因為服食摻了氰化物的泰諾止痛藥而中毒死亡。沒人知道究竟是誰拿了這些膠囊，將毒藥注入膠囊裡面。執行長柏克面臨兩難，苦思如何回應這起事件。泰諾止痛藥是嬌生公司獲利最高的產品，在所有非處方藥的止痛劑中，其市場占有率高達三十七%。

許多專家勸阻全國性下架回收，他們主張這些意外僅限於芝加哥地區，而且毒害事件並非嬌生公司的錯。但柏克和他的同事決定不選擇容易脫身的出路，他們不願推諉照顧顧客安全的責任。相反地，他們負起全部責任，下令全國藥房下架回收，並提供換藥的服務，讓顧客可以拿家裡所有的泰諾止痛膠囊，換取泰諾止痛片。這些死亡事件剛曝光沒多久，他們就立刻做出這個決定，估計公司損失八億美金。

結果如何？依照當時的傳統思維來看，泰諾這個品牌絕不可能從這場眾所周知的災難中起死回生。然而，相反地，泰諾竟在幾個月內重新上市，名字不變，只是把藥瓶換成防撬包裝，銷售量與市占率均東山再起，創下驚人成績。這起事件原本很容易變成一場摧毀消費者信心的危機，結果情勢卻逆轉，嬌生公司正直的形象與信譽再次受到大眾肯定。

指責的相反是承擔責任。我指的「責任」（responsibility），是將英文字拆開來解讀的意思，亦即「回應的能力」（response-ability），即透過責任，有能力針對眼前的情況，做出有建設性的回應，當作自己的問題來處理。詹姆士・柏克與他的同事在嬌生公司正是這麼做。不論這種做法難度多高、代價多大，他們都知道，承擔責任正是領導力真正的核心。而事後的回報也相當可觀：嬌生公司負責的舉動，讓醫生、護士、病人與其他利害關係人恢復信心，藉此爭取到認可。

一旦你跳過指責遊戲不參與其中，決定負起責任，你就更容易與別人達成共識。真正的負責要從內在開始。承擔責任意味著你對自己的人生與人際關係負責。或許，承擔責任最重要的意義是，你必須無條件承諾照顧自己的需求。

我們無法選擇際遇，但可以選擇回應的方式

「誰該真正為我們人生負責？」這個問題看似簡單，但卻常常難倒我們。儘管理智上知道，我們應該對自己的言行、甚至反應負責，但當我們檢視人生時，往往會納悶自己為何來到此刻的處境，然後照例發現答案是來自外在因素：「我現在的生涯規劃之所以不如預期，是因為我的主管討厭我，不讓我升官。」「我沒辦法去旅行，因為我沒錢。」「我現在住在這裡，而不是在我嚮往的

城市定居，是因為我家人強迫我要留下來，不讓我離開。」換句話說，所有的一切都不是我們心甘情願；所有的錯都要歸咎於某人或某個外在環境。

這讓我不禁想起山姆。我這位年輕的朋友老是發生車禍。一開始，他撞毀了家裡的休旅車，完全沒法修……接下來遭殃的是家裡的吉普車……然後是他自己的車子。幸好，連他在內，都沒有人受傷。但每次出事，他都怒氣沖沖，把發生車禍的原因歸咎於外在環境超出他的掌控——是因為對方的錯、路況不好、交通號誌太暗。肇事的責任從來不在他身上，他也對此深信不疑。一連串的車禍，加上他缺乏責任感，讓他的父母憂心忡忡，家裡因此氣氛緊張，衝突不斷。

經過近距離觀察自己，傾聽內在的需求之後，山姆終於醒悟，他之所以陷入重複出車禍的模式中，或許與他暴衝式的駕駛風格有關。他愈深入探索，就愈明白這種橫衝直撞的習性源自遭到壓抑的不安全感與怒氣。他開始接受那些情緒，此舉讓他對自己的駕駛方式與車禍事故負起責任，即使有些車禍真的是意外。或許，最重要的是，他終於領悟他得為自己的人生與所有際遇負責，而且只有他一個人能負責。一旦他以這種方式與自己達成共識，他就能與父母達成共識。而且，不令人意外的是，一再出車禍的模式完全停止了。

這就是自我負責加上自我了解的力量。少了自我負責的自我了解，就可能會陷入自憐的危機。少了自我了解的自我負責，就會淪為自責。為了與自己達成共識，兩者都不可或缺。正如山姆的故事所示，站在自己的立場，能讓你了解自己，然後為自己的人生與行為負責。

為自己的人生負責，意味著你的失敗與過錯、成功與力量都屬於你。這麼做需要誠實與勇氣，但唯有如此，你才能說你是真的站在自己的立場。就像穿上完全合腳的鞋子一樣，鞋子上的一切，包含破洞，全都屬於你。雖然人們往往將自我負責與自責混為一談，但這兩者其實完全相反。當你自責時，你會往回看，批判過去：「我在工作上真是失敗啊！」而自我負責基本上是向前看，想辦法解決問題：「我要怎麼做，才能打造成功的事業呢？」

如果我們的人生是場戲，我們也許當不成編劇，但我們可以選擇成為導演。我們可以自由詮釋這齣戲，選擇要扮演命運的受害者，還是命運的掌舵者。不論我們的遭遇是不是出於意外，我們都是自己人生中的決定性因素：有時候，我們或許無法選擇自己的際遇，但我們可以選擇回應的方式。

我的朋友傑瑞·懷特出國到耶路撒冷念大學時，曾前往戈蘭高地露營，結果他踩到一枚六日戰爭遺留下來的地雷，失去了一條腿，連命都差點保不住。他在醫院病床上一連躺了好幾個月，時而悲傷，時而憤怒，時而痛苦，時而自憐，百感交集，當時隔壁病床的阿兵哥對他說：「傑瑞，這將會成為你最慘的遭遇，還是最好的遭遇？全都由你決定。」

傑瑞聽進了他的話，決定不要習慣性地扮演受害者的角色，把自己的困境歸咎於別人和命運本身。相反地，他選擇為自己的人生負責，改變自己的處境。「我不喜歡自己表現出那種形象：尖酸刻薄又愛抱怨的傑瑞，讓一件壞事主宰了他的餘生。」傑瑞在他鼓舞人心的著作《我不會被擊垮》中寫道：「我還有人生要過，那可是我的人生哪！不論我得單腳跳或打滾，還是怎樣都無所謂，我都會找回自己的人生。」事實上，傑瑞接受了自己與人生。

當然，對傑瑞來說，這麼做有時候並不容易，但他決定奉獻生命，服務人群，以此來回應他遭遇的意外。最後，他成為「倖存者團體」（Survivor Corps）的共同創辦人。這個地雷倖存者的全球化組織，對戰爭和恐怖攻擊的受害者提供援助，在榮獲諾貝爾獎的「國際禁止地雷運動」中扮演重要角色。傑瑞從那裡起步，開始投入公共服務，致力於化解遍布全世界的衝突。與自己達成共識，有助於他與別人達成共識，他的畢生事業甚至更進一步轉變成幫助整個社會達成共識。

傑瑞換了個角度看待自己在這齣戲的角色，從無能為力的受害者，變成領導者。我們每個人都像傑瑞一樣，有能力重新構思引導性問題，從質問「該怪罪誰？」改成詢問「我們必須從中學習什麼教訓？」。面臨逆境時，我們是把自己目前的際遇歸咎於他人或人生，或是好奇地捫心自問，生命究竟要帶給我們什麼樣的課題？我們可以選擇為此刻的人生負責，不再抗拒現在的處境。即使我們寧願不要面對特別的挑戰，但無論如何，我們還是可以選擇接受挑戰，只因為挑戰就在眼前。與其為自己的命運傷悲，我們不如效法傑瑞，選擇擁抱命運。

客觀來說，即使我們對自己的際遇只有部分的掌控權，但我們對自己的體驗依然有相當大的主導權。就像傑瑞，我們可以選擇如何詮釋發生在我們身上的際遇，不論我們碰上多糟的事，這麼做將直接影響我們此後對這件事的感受以及回應的方式。如果生意惡化，我們可以選擇怪罪他人，陷入怨恨與憤怒的煎熬中；或者，我們可以選擇把這種情況當成學習的契機，朝新事業發展。如果配偶或伴侶離我們而去，我們可以怪罪對方，讓那個決定塑造我們的體驗；或者，我們可以傾聽自己的感受，接受這些情緒，重拾人生的主導權，然後勇往直前。

或許，沒人比得過維克多・法蘭可在《活出意義來》生動的描述，更能傳達我們自有力量的道理。他歷經折磨，滿懷辛酸地述說自己在奧斯威辛集中營、達豪集中營與其他納粹集中營長達三年的經歷。正如他從最艱難的困境中獲得的領悟，即使我們的自由完全被剝奪，我們最終依然可以自由選擇要為自己的遭遇賦予什麼樣的意義。在難以想像的磨難中，他選擇為自己的人生與遭遇負起責任。他對需要幫助的人伸出援手，提供慰藉，並把自己盡量省下來的食物留給這些人。他在看似無能為力的情勢下重拾力量，主導自己的人生。

對自己的人生負責，有時或許看起來很沉重，但事實上，這麼做會讓你感到解脫。你長久以來困在怪罪別人與自責的戲碼裡，如今只要對自己的人生負責，你就可以獲得強大的力量，順利脫身。正是指責遊戲與不負責任的心態，害我們一直困在受害者的思維中。在我們承認自己作繭自縛的瞬間，所有束縛就瓦解了，我們得以重獲自由。一旦掌握自己的人生，我們就可以開始活出充實的人生。

每種衝突，都是一個巴掌拍不響

如果說在我目睹的大多數衝突中，指責遊戲常是衝突的根源；那麼，在大部分我見識過的解決之道中，為彼此關係負起責任，則往往是真正成功的關鍵。

想一想，你在家庭、職場或團體中，哪些人際關係一直困擾著你。你曾經忍不住想把所有錯都怪到對方身上，自己扮演受害者的角色嗎？當彼此的關係籠罩陰影，人們往往會怪罪別人。但是，我們全都明白，每一種關係、每一種衝突，都是一個巴掌拍不響。

心理學家大衛・史納屈博士在他充滿洞見的著作《熱情的婚姻》中，提到一位病人蘇珊的例子。她極渴望和別人溝通，並與對方建立關係，但她和她先生法蘭克的婚姻生活並不幸福。她發現他們很少聊天，即使開口，也鮮少真正對話。多年來，蘇珊不斷指摘法蘭克，要法蘭克好好跟她說話，可是她愈是嘮叨個不停，法蘭克就愈想當縮頭烏龜。她覺得一切都是他的錯，害他們的關係面臨挑戰，毫無進展。她怒火中燒，感到挫敗，因為她無法如願與丈夫達成共識。

蘇珊在治療師的協助下，終於能夠站在自己的立場，學習了解並接納自己本來的樣貌——她其實渴望與別人談話，希望藉由分享內心的感受，藉此建立深刻的連結。然後，她學會理解她丈夫——他其實不喜歡聊天，也不習慣說出內心的感受。她終於醒悟，他們的互動如此負面，其實她也有責任，她承認自己的嘮叨只會讓法蘭克更加退縮。法蘭克童年時期經歷過創傷，因此缺乏安全感，無法敞開心胸。事實上，蘇珊愈指謫他，他就愈缺乏安全感，也就愈不肯開口。

到頭來，你必須將別人的缺點視為他們的問題，不是你的問題，你的挑戰只在於該如何回應。你可以選擇像蘇珊一樣，當彼此的關係出了差錯時，承認自己也有責任。即使你認為你沒那麼大的責任，尤其是跟對方比起來，似乎是責任更小，但你還是有責任。如果你像蘇珊一樣，坦誠地看待整個情況，或許會明白自己其實也不如自己所想的那麼難辭其咎。正如俗話說的，在你伸手對別人指指點的同時，有三根手指也正指向你自己。

我並不是要你自責，只是希望你了解，對於你和別人之間的關係與問題，你也有部分責任。與其迷失在指責遊戲裡，更有用的做法是徹底醒悟到，得有兩個人，才能把彼此的關係搞得一團糟；但單憑一個人的力量，就可以扭轉關係的僵局。唯有為自己的關係負起責任，你才能重拾力量，改善關係。

能為自己目前的關係狀態負責，同時也意味著承認你的言行舉止所造成傷害或帶來痛苦。從商場上的爭鬥到種族間的戰爭，在我經手調解的衝突中，我見識過真心道歉的力量，一句誠摯的道歉便有助於修復關係的裂痕。

有次土耳其內戰肆虐時，我正在歐洲設法促成一場祕密會議，讓土耳其與庫德族的意見領袖共聚一堂。一位退休的土耳其將軍說道：「身為土耳其軍隊的前任領導人，我承認在這場可怕的戰爭期間，有數不清的庫德族人遭遇不幸。我知道有許多無辜的人死亡、受傷。站在個人的立場，我想要鄭重道歉。」現場的氣氛原本相當緊張，不過，這番誠摯的話戲劇性地扭轉氣氛，讓雙方最終達成共識，一起努力終止戰爭。

道歉成功的關鍵在於看不見的事前準備，在這個案例裡，將軍在公開道歉之前，事先完全掌握了自己在這場衝突中扮演的角色，充分了解應該採取什麼行動。道歉能否成功，主要取決於內在的努力。

只有你，才能改變生活與未來

在《哈佛這樣教談判力》一書中，羅傑・費雪和我主張在談判過程中，最大的力量來源是你心中的「談判協議最佳替代方案」。如果你無法與對方達成協議，那麼，你的「談判協議最佳替代方案」就是最好的行動方案。

舉例來說，如果你正針對新的工作機會洽談條件，你的最佳替代方案或許是尋找其他工作機會。而以合約糾紛的例子來說，你談判的最佳替代方案可能是仰賴調解人或訴諸法律。如果你不滿意汽車代理商提出的價格，你可以另找一家。你的「談判協議的最佳替代方案」能帶給你信心，不論談判過程中發生什麼事，你都有其他的替代好方案，也不必全靠別人來滿足你的需求。你不只能獲得力量與信心，也擁有自由。

三十五年來，我一直教導人們認清自己的底線，好好思考「談判協議的最佳替代方案」。不過，從我的經驗來看，當人們發現自己的替代方案並不好找，而且也不太有吸引力時，挑戰就出現了：「我找不到另一個工作機會。」「打官司會花很多時間和金錢。」一旦遇到顯然更占優勢的談判對手，許多人往往很難找到著力點，無法讓彼此勢均力敵。

然而，我們可以加強內在的力量，不論外在環境如何，這股力量始終在我們心中，為我們所用。在談判過程或發生衝突時，早在我們尚未擬定談判協議的外在替代方案之前，我們可以先想好內在的B計畫。我們可以對自己許下堅定的承諾，不論對方做什麼或不做什麼，我們都要無條件照顧自己最深的需求。這份承諾就是我們內在的「談判協議的最佳替代方案」。真正的力量源自我們內在。

在洽談工作條件的例子裡，儘管你外在的最佳替代方案可能是尋找並接受另一份工作；不過，你內在的最佳替代方案卻是你對自己的承諾，不管你是否談成這份工作（或另一份工作），你都將照顧自己的需求，在工作上感到滿足與充實。

關鍵字在於「無論如何」。以前述蘇珊的例子來說，她終於醒悟，其實是她自己選擇留在這種無法充分滿足她的關係裡，她也可以選擇離開。當然，離開是最後的手段，她希望盡量不要走到那一步。以談判術語來說，如果她無法與丈夫法蘭克達成共識，離開就是她外在的「談判協議的最佳替代方案」，也是滿足她需求的最佳行動方案。一旦蘇珊對自己在彼此互動中扮演的角色，負起應盡的責任，她就等於在為自己的需求負責。她發展出內在的「談判協議的最佳替代方案」，承諾自己無論如何都會無條件照顧自己的需求。她因此得以用全新的方式與她丈夫對話。她平靜地告訴法蘭克：

「我再也不願意忍受我們鮮少對話的情況，也不願意強迫你跟我說話。但不要因為我不再嘮叨或指摘你，就以為我接受現況。對我來說，我不希望自己光是因為伴侶和我說話，就可悲地感激涕零……至於你，我不希望你因為老是對你尖叫的太太而感受到沉重的壓力。從現在開始，我會將你的行為解讀為這就是你真心想要過的日子。我將會因應你的決定，選擇我的生活。」

當我們愈仰賴別人來滿足自己的需求，對方對我們的掌控就會愈強，我們也就愈可能表現得更黏人而無法獨立。當蘇珊不再嘗試掌控她丈夫的行為時，雖然表面上，這樣的做法或許對她的婚姻造成威脅，但其實正好相反。蘇珊為自己的行為與未來承擔責任，讓她得以戒掉自己的毀滅性習慣，不再批評法蘭克。而一旦批評停止了，法蘭克心中就會產生安全感，願意敞開心胸，分享更多感受與需求。他們的婚姻不只獲得拯救，而且徹底改變。蘇珊不僅與自己達成共識，也和法蘭克達成共識。

在生活中，我們注定要應付許多棘手的情況。專橫跋扈的主管堅持要我們晚上與週末加班；我們默默順從，告訴自己我們需要這份工作。故意刁難的客戶老在最後一分鐘要求修改與讓步；我們一再遷就，告訴自己我們需要這筆生意。正值青春期的女兒拒絕聽從我們的訓誡，一點都不尊重父母；我們對她的行為視而不見，告訴自己我們需要她的愛。在這些棘手的情況中，我們或許看不到其他可能的替代方案，只好忍受別人的糟蹋。我們太容易落入陷阱，成為別人情緒的奴隸。

到頭來，我們每個人都必須回答這個問題：「誰應該負責滿足我基本的心理需求？」如果我們的答案是「別人」，就等於把我們的力量交到別人手上。但是，如果我們回答「自己」，就可以重拾屬於我們的力量，改變生活與未來。

停止抱怨，為自己的人生負責

讓我學會自我負責的事件，或許是我最大的個人挑戰，也是我遇過最棘手的談判。當時，我的談判對手是醫生與護士，而我女兒蓋布莉葉拉的生命與健康完全仰賴他們。

蓋布莉（我們老是這樣暱稱她）一出生，身體就有多重的先天性畸形，這種疾病稱為「聯合畸形症候群」，她的脊椎、脊髓、雙腳與部分器官都罹患疾病。打從出生開始，她就需要緊急醫療照護，這些年來，更經歷了十四次重大手術。剛開始，我們還不清楚她未來能不能走路，甚至連她會不會活下來都不知道。對我和太太麗莎來說，眼睜睜看著她受苦，自然是莫大的煎熬。我們為她的生命、健康與幸福擔心受怕。

面對蓋布莉的痛苦與我們經歷的磨難，我們忍不住想要找個對象來怪罪。我們責備自己，指責醫師反應遲鈍或漠不關心，我們甚至埋怨命運。但是，正如我們後來學到的教訓，責怪任何人或任何事都毫無用處。唯有抱持健康的態度，為自己的人生負責，同時也為我們與醫生、護士之間的關係負責，為我們自己的心理需求負責，我們才能勇往直前。

我們在一位擔任治療師的朋友協助下，第一次學會站在自己的立場思考。我和麗莎都習慣表現出堅強，忽略內心的痛苦。但是，當我們「走到陽台」聆聽自己的心聲時，我們讓自己感受所有的情緒，包括恐懼、驚慌、焦慮、罪惡感、羞愧與憤怒，甚至包含我已經麻木無感的情緒。我們學會以同理心憐惜自己與他人，特別是在面對艱鉅的危險手術時。我們發現，藉著刻意面對自己的痛苦，想像我們最害怕失去蓋布莉的情景，進入恐懼的深淵，而非繞著恐懼打轉，我們就能安然度過恐懼，終於體驗到情緒上的放鬆與療癒。雖然我們心中每一個自我保護的直覺，都促使我們繞過痛苦前進，不過，我們從這關鍵的一堂課中學到，唯有穿越痛苦，才能往前邁進。

一旦我們致力於自我了解，就能幫助我們為自己的處境負起責任。我們學會接受生命原本的樣貌，而非抗拒生命，或浪費時間與精力，期待一切都會改變。我們善用回應的能力，尋思我們要如何盡己所能，幫助蓋布莉、我們的家庭與自己。我們把握每一次機會，過正常健全的家庭生活，活在滿滿的愛與歡笑中。我們怎麼對待其他孩子，就用同樣的態度對待蓋布莉，鼓勵她盡可能充實地過日子，出門從事她喜歡的運動，即使那些運動對她的身體狀況來說挑戰性十足。

在這方面，蓋布莉是我們最好的導師，因為她從不以受害者自居，從不沉溺於自憐的情緒中，反而每天都設法讓自己快樂。雖然我們絕對不會自願為蓋布莉選擇這麼不幸的遭遇，但我們接受當下的際遇，而非抗拒一切。唯有如此，才能重拾屬於我們的生活、我們的主導權與力量，進一步改善現況。

此外，我們也學會為自己與醫生、護士的關係負起責任。即使醫學專家漠不關心，我們也學會不再責備他們，而是主動指出問題。比方說，就在蓋布莉進行骨髓手術之前，有位醫師隨口對他的學生宣稱：「我看過太多小孩進行這項手術後下半身癱瘓。」當時麗莎就在現場，懷裡抱著五個月大的蓋布莉。他的冷酷無情讓我們震驚不已。

不久之後，醫院再度指派這位城裡首屈一指的外科醫師，為蓋布莉進行手術。雖然我們大可以拒絕由他動刀，畢竟初次見面的經驗不太好，但是，我們前往陽台，把焦點放在怎麼做對蓋布莉最好。後來，我們與他建立了良好的關係，他變成我們的朋友，不惜耗費許多時間，提供我們關於手術許多的免費諮商，而且也非常照顧蓋布莉。

我們承諾要好好照顧自己的心理需求，這麼做讓我們在面對蓋布莉的手術時，得以控制自己的焦慮程度，自然有助於處理好這些重要的人際關係。我們愈不焦慮，就愈信任別人，也愈冷靜、有信心，進而影響蓋布莉，讓她跟我們一樣，畢竟她非常仰賴我們，常從我們的反應判斷她該不該害怕或該不該信任。我們發現，蓋布莉和我們愈不焦慮，就愈容易與醫生、護士互動，也不會帶有反射性的情緒，即使他們有時粗魯無禮，反應遲鈍。

對我們來說，這是很重要的一堂課。我們一直以為自己完全仰賴醫療系統，但我們一旦承擔愈多責任，對自己、對生活就愈有信心，也愈能放輕鬆，因此更能有效地支持。所有人都從中獲利。與自己達成共識，幫助我們與蓋布莉賴以為生的人們達成共識。

責任就是力量，那是滿足你內心深處需求的力量。到頭來，我們都終將決定要以什麼態度面對基本的選擇。如果一味抱怨，基本上是代表交出你的力量，否定自己；那麼，負責就代表重拾你的力量，肯定自己。只要放棄指責，為自己的關係與需求負起責任，你就可以找到衝突的源頭，帶頭扭轉談判情勢，改變你的人生。

這麼做會帶領我們邁向下一個挑戰——與自己達成共識。儘管我們可以選擇為自己的需求負責，但問題依舊存在：我們上哪兒去找到滿足的源頭，好讓內心深處對與人建立關係及安全的需求得到滿足？針對這個問題，我們將邁向下一個重大的態度改變：接受人生中所有的一切。繼肯定自己之後，我們已經準備好接受人生。

POINT

- 在談判的過程中，最大的力量是來自於我們心中「最佳的替代方案」。當我們無法與對方達到共識時，這個替代方案就是最好的行動方案。我們可以告訴自己，不論對方做什麼或不做什麼，我們都要無條件照顧自己內心的需求，因為真正的力量就源自於我們的內在。

- 少了自我負責的自我了解，就可能會陷入自憐的危機。少了自我了解的自我負責，就會淪為自責。為了與自己達成共識，兩者都不可或缺。為自己的人生負責，意味著你的失敗與過錯、成功與力量都屬於你。有時候，我們或許無法選擇自己的際遇，但是，我們可以選擇回應的方式。
- 責任就是力量。我們每個人都終將決定要以什麼態度面對自己的選擇，如果一味抱怨，就是代表交出你的力量，否定自己；反之，負責就代表重拾你的力量，找到衝突的源頭，帶頭扭轉談判情勢，並進而改變你的人生。

第三章

別拒絕人生，只要換個角度看待

從充滿敵意到心懷善意

「世上唯有你，才能帶給自己平靜。」
——愛默生——

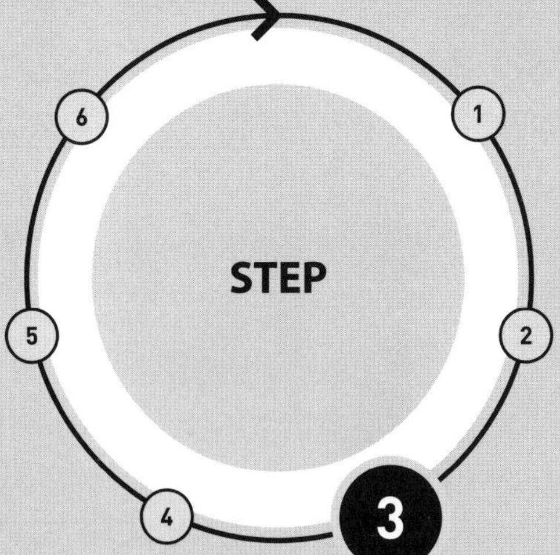

當你想要對人生有全新的視野時，有三項練習可以幫上忙。

第一，記得你與生命的連結。

第二，記得你有能力創造屬於自己的幸福。

第三，學習體會生命帶給你的課題。

隨著第二次世界大戰開打與原子彈問世，愛因斯坦公開表態，他相信對我們每個人來說，最重要的問題是：「這個世界是充滿善意的地方嗎？」愛因斯坦表示：「這是最基本的問題，所有人都必須為了自己好好回答。」

按照愛因斯坦的推論，如果我們認為這個世界基本上充滿敵意，自然會把別人當敵人對待。我們將會集體全副武裝，只要一被激怒，就反射性行動。假設大規模毀滅性武器隨時聽候我們差遣，我們終將摧毀地球上所有生物，包括自己。

然而，如果在我們眼中，這個世界是友善的，我們就更可能把別人當作未來的朋友對待。我們因此更可能與別人達成共識。首先，我們得先從家庭、職場和團體裡與我們最親近的人開始，然後向外擴展到全人類。換句話說，面對這個最重要的問題，我們給的答案其實是種自我確認（self-confirming）的方式。我們將依據自己的回答，採取不同的行動，其交相影響後將產生截然不同的結果。

在我的談判課堂上，我教大家重新建構的力量，每個人都具備這種能力，能夠以不同的角度解讀當下的處境，賦予不同的意義。在每一次棘手的對話或談判過程中，我們都面對下面這兩種抉擇：我們是否把這場談判當成比賽，勢必得有輸有贏？或者，我們視之為同心合力解決問題的機會，雙方都能從中獲益？其實，我們可以重新建構每一次棘手的對話，從互相對峙轉向夥伴之間的合作互惠。改變遊戲最好的方式，就是改變遊戲規則。

不過，重建有時並不容易。即使我們已經明白雙贏策略對談判的好處，還是很容易在發生激烈衝突時，一頭栽進要一拼高下的思維陷阱裡，不管對方是你的主管、同事、客戶，還是配偶或孩子，你都會將對方視為敵人，在與你爭奪有限的資源，不論那是金錢、注意力或權力。幾乎每個人都害怕匱乏，一旦我們任由恐懼主宰，就會很難達成共識。

所以，為了重新建構，我們可以從何處獲得助力？我漸漸領悟，一旦我們有能力在心中重新建構人生藍圖，也就是換個角度來看待人生，就有能力重新建構外在環境。如果我們真心希望在與他人互動時，可以從互相敵對轉變成共同合作的關係，就得好好自問愛因斯坦提出的基本問題。我們對這個世界的假設為何？我們可以把這個世界視為充滿基本善意的地方，並且認定命運其實是站在我們這一邊，依據這樣的前提來思考、行動，並處理我們的人際關係嗎？

有時候，我們不太容易相信命運跟我們站在同一邊，尤其是在遭遇不幸時更是如此。在執筆寫作本書的期間，我擔任某位總統的談判顧問，他執政的國家長期飽受游擊戰之苦，導致成千上萬的人民喪生，數百萬人成為難民。他希望經由協商終止戰爭，為了探索是否有這種可能性，因此打算展開和平對話。但是，許多政治勢力皆反對此舉，因為當時游擊隊早就被貼上「恐怖份子」的標籤。總統希望先與游擊隊商討明確的議程，達成共識之後，他再宣布開啟和平對話。而為了達成初步協議，勢必得先與游擊隊領袖展開深入的機密對話才行。

總統與他的團隊面臨一個問題：他們要如何讓一位游擊隊的指揮官離開叢林總部，飛往第三國，唯有在那裡，才能神不知鬼不覺地進行這些機密的初步對談？這次行動不能被任何人發現，包括媒體、警察，甚至是軍隊，軍方一旦得知游擊隊總部位置，勢必會試圖摧毀總部。總統把這項需要高度精確執行的危險任務交給一個人，我姑且稱他為「詹姆士」。詹姆士的任務是租一台私人直升機，飛到叢林裡的祕密會面地點，迅速明確地接出指揮官。

當詹姆士的直升機終於降落在預定地點時，現場原本一個人都沒有，但不到幾分鐘突然就擠滿了人，當時上百名游擊隊員從叢林裡蜂擁而上，每個人都手持AK-47機關槍，瞄準坐在直升機裡的詹姆士。他聽到許多游擊隊員興奮地對他們的指揮官大喊，原來這整個安排都是死亡陷阱。當下緊張與猜疑頓時升到最高點。

不難想像對詹姆士來說，當時情勢有多可怕，又充滿敵意。他要怎麼做，才能緩解緊張的局勢呢？事件結束了幾天之後，他告訴我，當時他焦慮不安，不確定接下來該怎麼辦。在直升機裡呆坐了一會兒，他突然想到一個點子。他打開門，跨出直升機，大膽地朝敵軍的指揮官走過去，伸出手，自信滿滿地說：「閣下，現在我會像保護總統一樣，維護您的人身安全！」

在那個緊張的時刻，詹姆士發現自己成了上百支機關槍瞄準的目標，當下他面臨抉擇：他可以選擇把對方的舉動當作一種敵意——假使他真的這麼做，在那種情況下，也很少人會怪罪他；或者，他可以選擇把對方視為夥伴。詹姆士選擇後者，而正因為他把敵軍的指揮官視為夥伴，指揮官也因此把他當作夥伴對待。指揮官短暫停留一會兒，與他的同志告別之後，就登上直升機。沒多久，在國外某個首都，一場機密的初步和平對談就此展開。六個月後，他們宣布雙方已經針對重要的原則達成初步協議，一切準備就緒，即將展開正式的和平談判。

我問詹姆士，為什麼他能讓當時危機四伏的局勢重新洗牌？他告訴我，他對人生有種基本的信任，總覺得一切終究都會有解決之道。由於詹姆士將人生視為盟友，他才能完成不可能的任務，把指揮官視為他的夥伴。

如果我們像詹姆士一樣，學習換個角度看待人生，即使面對逆境，依然認為命運之神會對我們懷抱基本的善意，那麼，我們不僅能夠跟自己達成共識，跟別人達成共識的機率也會大增。以我的經驗來看，當你想要對人生有全新的視野時，有三項練習可以幫上忙。第一，記得你與生命的連結。第二，記得你有能力創造屬於自己的幸福。第三，學習體會生命帶給你的課題。

我們全都在同一條船上

愛因斯坦曾經寫道：「每個人都是我們所謂的『宇宙』的一部分，而這一部分是受時空所限的。他所經驗到的自己，包括自己的思想和感受，就像是跟整體宇宙分開的，這是一種意識的錯覺……。」

我原本接受的是人類學的訓練，研究人性與文化。我在研究中學到，人類的「相互連結性」（interconnectedness）是人類學的真理。正如愛因斯坦的論點，我們其實不分彼此，所有人類與其他生物都交織在一張大網上，難分難解。不論是在生物學、經濟、社會和文化上，我們都與整體密切地連結在一起。我們知道這個真理合乎科學，卻往往很難徹底領悟，我們都太常忘記自己與生命的連結了。

有時候，我們得經歷一番震撼教育，才能看穿愛因斯坦口中的視覺假象。哈佛大學的神經解剖學家吉兒・泰勒博士，在三十七歲那年突然中風，大量出血導致她的左腦失去功能。她在著名的TED演講中分享自己的經驗：「有多少腦科學家能有這種機會，可以從內向外研究自己的大腦？在那四個小時內，我看著自己的腦功能徹底退化，無法處理資訊。腦溢血那天早上，我沒辦法走路、說話、閱讀、寫字，甚至想不起任何人生片段。」

同時，讓泰勒驚訝的是，當她卸下了她對人生的壓力與焦慮，她竟開始欣喜雀躍。「想像一下，當你與大腦的聲音徹底失去連結，會是什麼情況。」她告訴TED的聽眾，「我感到一片祥和。」她的分離感（亦即視覺假象）消失了，她感覺自己與生命產生連結。雖然並非出於刻意，不過她從充滿抗拒過度到心懷善意，重新看待她的人生。

泰勒花了八年時間才完全康復。過程緩慢且艱難，但她渴望教導別人她發現的安詳喜樂境界，這個念頭激勵她熬過這段時間。從左、右腦迥然不同的功能來看，泰勒漸漸了解發生在她身上的狀況。

一般來說，我們大腦的左半邊負責語言、邏輯、判斷與時間感，這些功能能幫我們駕馭日常生活。「我們的左腦負責線性思考，創造與理解語言，界定身體的界限，判斷是非對錯，掌握所有細節，包括從細節衍生出來的更多細節……左腦關注的是人與人之間的差異，專門辨別彼此的不同之處……」泰勒如此寫道。這正是泰勒中風時受到影響的大腦部位。

如果左腦負責讓我們意識到自己與別人有所區隔，各有差異，那麼，右腦就是負責讓我們意識到自己與生命、他人的連結。「右腦關注的是人們的相似之處、當下、聲音的變化，以及綜觀我們整體如何互相連結的全局。由於右腦關注的是彼此的相似之處，因此（右腦）會表現出同情心，心胸開闊，能支持他人。」泰勒如此寫道。

顯然，我們需要左腦幫助我們在世上駕馭自如，保護我們避開生命危險。因此，左腦很重要。不過，我們也需要右腦來感受人際的連結與滿足感，而那正是泰勒中風時體驗到的感受。右腦的洞察力能幫助我們在面對愛因斯坦的問題時，給予肯定的回答，那就是：生命終究是站在我們這邊的。

泰勒博士經歷中風的創傷之後，無意間與右腦完全連結。一旦她找到通往右腦的途徑，她就能一而再、再而三地尋獲。但是，我們其他人呢？我們如何進入源自右腦的連結感，消除愛因斯坦口中關於隔離的視覺假象呢？我們如何記得自己意識到的連結感、與他人的共同點，好讓這些感受成為我們預設的生活方式呢？一旦左腦的指示對我們無益，又該如何有意識地選擇拋開左腦的聲音？

泰勒相信每個人都可以學習更常運用右腦，漸漸就會得心應手。我們可以進行有創造力的體能活動，當作鍛鍊右腦的方法。對泰勒來說，這些活動包括滑水、彈吉他、彩繪玻璃。我們每個人都可以找到自己喜歡的方式。

我最愛的活動之一是登山，打從六歲住在瑞士阿爾卑斯山開始，我就很享受登山的樂趣。山頂的風景令人驚豔。當我極目遠眺，抬頭是一片藍天，低頭俯瞰，整個世界似乎就在腳下延伸開來，我感覺自己變得渺小。相較於群山環繞的遼闊，我的身體似乎縮小了。我似乎漸漸淡化，融入背景中，變成宇宙畫布上一個小點，我成了其中不可分離的一部分。視覺假象暫時消失，我以心靈之眼瞥見科學真理——真相是，世間萬物都互相連結。我覺得自己微不足道，但不知怎地卻又無限廣闊；既感到謙卑，同時卻又意氣昂揚。

我們總是習慣透過左腦的觀點看待世界，充滿邏輯、批判與界限，以致於很難理解這個「全局」的概念，也不容易體會萬物都休戚相關的感覺。不過，我們天生就具備這種宏觀的視野。小嬰兒在子宮裡與在媽媽懷中的時候，自然會有種連結感，鮮少意識到他們的身體界限究竟是從哪裡起始，又是到哪裡結束。身為成人的我們，或許在我們感受到深刻的愛，或見識到奇蹟、美麗時，才得以窺見這個全局。我們天生就能與周遭的生命產生連結，我們只需要鍛鍊這種能力。

由於現代生活有許多活動與干擾、衝突與談判，使運用左腦的頻率提高許多；因此，透過每日的練習，有助於發展我們右腦的功能。我們可以選擇每天撥出一些時間，投入「內在攀峰」練習，例如在公園裡散步、靜坐一陣子、安排靜心或禱告時間，也可以冥想或創作一件藝術作品；又或者，我們可以聆聽或彈奏悅耳的音樂。泰勒在文中提到，參與這些活動的同時，我們正在創造通往右腦的神經路徑，且每使用一次，這些神經路徑就會愈強大。

然後，一旦我們面對棘手的對話或談判時，或許會發現自己更容易連接通到往右腦的神經路徑，記起我們與萬物連結的感受。我想起有一次在巴黎散步的時光，那時我即將進行一場重要的商業談判，希望讓雙方停止高風險的惡性競爭，畢竟他們已經付出很大的代價，不僅帶給自己和家人不幸，而且也花費了上百萬的法律費用。接近散步尾聲時，我偶然經過凡登廣場，那裡正舉辦一場新的戶外雕塑展。那些雕像佇立在燦爛陽光下，令人驚嘆：來自中國的巨大佛像，鑲金飾銀，笑容滿面，顯然十分享受人生。我凝視著這些光彩奪目的雕像，突然靈機一動，打算從正面的角度來解讀解那場充滿仇恨的衝突，然後想到一句簡單的話，我打算以此做為談判的開場白。

一小時後，我們共進午餐。代表對方的調解人是一位傑出的銀行家，他問我為什麼要求召開這場會議，我答道：「因為人生太短暫了！正是因為人生太過短暫，所以我們沒有時間浪費在兩敗俱傷的衝突上，那只會讓自己和家人在壓力與緊張下心力交瘁，還會耗盡大量資源。」這段簡單的話讓大家想起彼此休戚相關的全局，也為隨後成功的對談定下建設性的基調。

發掘讓自己快樂的簡單小事

在談判過程中，或許匱乏的心態是導致輸贏思維的最大動機。當人們感到周遭資源不夠分配時，就會爆發衝突。不論是同一家銷售組織的不同部門主管爭奪預算，還是兩個小孩搶食一塊蛋糕，這場遊戲很快就會變成輸贏之爭。到頭來，雙方往往都淪為輸家。他們的爭吵傷害了兩個部門之間的工作關係，以致於雙方的預算都縮減了；而兩個孩子在吵架過程中，也可能失手把蛋糕掉到地上。

在我擔任調解人的工作生涯中，我發現最有效的談判策略之一，是在大家分食利益大餅之前，先尋找有創意的方法「把餅做大」。舉例來說，兩個部門可以更緊密地合作，探尋對雙方都有利的方法，設法提高業績，這樣就有充分的理由增加彼此的預算了。至於那兩個小孩，他們可以找些冰淇淋加在蛋糕上，這樣一來，就可以增加份量，足夠兩人分食了。有形的資源或許有限，但人類的創意卻無止盡。在我的經驗中，就曾見過上百個類似的談判案例，雙方透過這種創意，為彼此創造更大的價值。

不過我也察覺到，對人們來說，「把餅做大」有時並不容易。有時候，問題就出在資源的性質，似乎不管怎麼做就是無法創造更大的價值。但是，從我的經驗看來，我們的匱乏心態或許更常成為絆腳石，因為我們內心往往假設「這塊餅的大小已經固定」，無法變大。我們要怎麼做，才能換個角度，從匱乏的心態轉變成充裕、甚至富足的心態呢？我發現，最有幫助的做法是，先設法擴大我們「內在的餅」，然後就可以輕而易舉地把外在的餅做大了。

哈佛大學心理學家丹尼爾・吉伯特（Daniel Gilbert）喜歡用一個關於快樂的問題挑戰他的聽眾：「贏得百萬樂透獎金的人，和失去雙腳的人，誰會比較快樂？」每個人都認為答案很明顯，其實不然。經過研究，發現答案令人驚訝：過了一年之後，樂透得主和截肢的人快樂的程度不相上下，而且跟事件發生前差不多。

研究指出，除了少數例外，大多數重大事件或創傷，對我們當下的快樂並沒有太大影響，即使發生時間不過才三個月前，也沒什麼影響。吉伯特解釋，原因是我們有能力創造屬於自己的幸福。為了讓自己感覺好一點，我們會改變看待世界的角度。我們的韌性之大，遠超過自己的想像。吉伯特說：「在某種程度上，我們都過於放大自己的渴望與憂慮了，因為我們本身就有能力創造出我們一直追求的事物。」正如吉伯特的研究結論，我們或許認為唯有向外求才能得到快樂，但其實快樂源自內心。

或許這個結論教人難以置信，尤其是我們從小就被教導快樂與滿足是來自外在環境，例如金錢、成功或地位。

胡立歐是一位功成名就的經濟學者，他發現自己二十七歲就已經達到所有預期的目標。他在一家跨國的策略顧問公司擔任經理；感情生活幸福美滿；他搬到紐約，成立辦公室，並完成企管碩士課程。他說：「我年紀還小的時候，就開始想像成功會是什麼樣子：雙手各拿一支手機，無時無刻不在工作，到處出差旅行。現在我成功了。可是，有一天我醒來的時候，突然一陣悲傷襲來，心裡好空虛。我覺得自己並不完整。我擁有的成就全都毫無意義，無法讓我感到寧靜安詳，而那才是我真正想要的。」

胡立歐著手尋找自己缺失的那一角，他開始稍微放慢生活步調，試著靜心冥想。他開始花更多時間與自己相處，接觸大自然。「我終於發現，我渴望的寧靜安詳早就在我心中。我只需要停下腳步看一看。然後，我察覺到內在的變化同時也造成了外在的改變。」胡立歐敘述，「我的工作壓力減輕了，對人更和善，自己變得更平靜。而且，我身邊的人都注意到我的改變。我變成更好的同事、主管和員工。」

胡立歐發現他追求的外在快樂轉瞬即逝，而且這種快樂的性質本來就永遠都不夠。比方說，他得先達到事業目標之後，才會得到外在的快樂，但快樂隨即又消失了。只有他自行創造的內在滿足，才會永遠充足，恆久不變。藉由刺激右腦的活動，例如花時間接觸大自然和靜心，他便能重新建構人生觀，讓自己成為更好相處的人。胡立歐發現，一旦與自己達成共識，就更容易與他人達成共識。

林肯總統曾說：「我逐漸領悟到，人們一旦下定決心要多快樂，他們就會多快樂。」事實上，我們生來就有能力滿足內心深處對知足常樂的需求。當我們還是小孩子的時候，都十分清楚這個道理；可是一旦長大成人，不知怎地，我們的基本天性就被日常的憂慮掩蓋了，反而寄望別人來滿足我們的需求，例如我們的配偶、主管、同事、朋友。結果往往身陷衝突與棘手的談判中，因為我們相信，只有對方交出我們想要的那樣東西，才能讓我們感到心滿意足。

然而事實上，我們的能力遠超過自己想像，每個人其實都有能力照顧自己深刻渴望滿足的需求。這是我們與生俱來、也永遠都存在的能力，我們只需要重拾這項能力，而且每個人也都可以找到屬於自己的方式，開始在生活裡發掘讓自己快樂的簡單小事。不論有時生活有多困難，都能提供我們最需要的一切。生活就是我們的盟友。

如果正如吉伯特教授的研究結果所示，我們能夠創造自己的快樂。我們是否快樂，大部分都是取決於自己。難道我們明明身處豐盈的水源地，卻要一直忍受口渴嗎？

長久以來，我一直認為，如果我能幫助別人達成良好的協議，讓他們獲得外在的滿足，自然就可以提供他們追求已久的內在滿足。只要他們能讓另一個人遵照其期望行事，就會感到滿足與快樂。一旦對方拒絕或討價還價，他們自然會感到失望。

後來，我漸漸明白，我這樣的想法並不正確。達成良好協議所帶來的外在滿足，通常只會讓我們內心短暫感到滿足，但真正持久的滿足是來自內在。當我們打從內心油然而生一股滿足感，外在的滿足便會隨之而來，然後再回過頭來加強內在的滿足，如此周而復始，形成源自內心的良好循環。

這對我們的談判與人際關係有很大的潛在益處。當我們愈不依賴要靠別人滿足自身對快樂的需求，我們的人際關係就會愈成熟，愈可能帶來真正的滿足。當我們愈不覺得匱乏，衝突就會愈少，也就愈容易在充滿挑戰的情勢下達成共識。

此外，在我的經驗裡，人們一旦重新發掘自己創造內在滿足的能力，就不太可能困在匱乏的心態裡，反而會善用他們與生俱來的創造力把餅做大。以前我一直忽略這個重點：不論你是與配偶、工作夥伴、孩子或主管談判，如果你希望在談判過程中把餅做大，都可以先從設法把內在的餅做大開始。

感恩的力量

我的岳父柯特不敵癌症病魔的侵襲，生命危在旦夕，躺在病床上的他，身邊圍繞著家人，時而內心充滿恐懼，時而感受到深刻的寧靜祥和。這個我們暱稱為「爺爺」的人，因為童年時期曾親眼目睹德國漢堡在第二次世界大戰期間飽受戰火蹂躪，所以對於愛因斯坦的問題，他的答案絕對是否定的。

在爺爺的眼裡，這個世界是個不友善的地方，既貧窮又危險。他寫信給十六歲孫子克里斯時，提到他對於人生的忠告就是：「不要相信任何人。」

然而，在他過世前幾週的某天夜裡，爺爺宣布他的想法大大改觀：「我們相信世間一切都在與我們作對。現在我明白了，這一切其實都對我們有益。」即使他過去並未意識到這一點，但人生其實一直都是他的盟友，教導他、幫助他成長，甚至幫他度過充滿挑戰的時刻。臨終前夕，他終於以肯定的答案回答愛因斯坦的問題。重新建構對人生的基本假設之後，他終於能夠放輕鬆，放下恐懼與不信任。他不再對死亡心存抗拒，反而以感恩的心擁抱死亡，對自己此生所有際遇充滿感謝。他精神上的折磨從此消失了，最終在摯愛的家人陪伴下功德圓滿地離開人世。

我原以為感恩來自快樂，現在我明白反之亦然，或許還更有道理：快樂是來自對人生心懷感恩。若你想要得到快樂，世上可能沒有比培養感激之情更好的途徑了。羅伯・艾曼斯是針對感恩進行科學研究的先驅學者之一，他的報告如下。

根據我們發現的科學證據顯示，一旦人們定期培養感恩之情，他們就會獲得各式各樣具體的好處，包括在心理上、生理上和社會上。在一些案例中，人們表示，抱持感恩之情，讓他們的人生徹底改變。甚至更重要的是，他們身邊的家人、朋友、夥伴等也都表示，心懷感恩的人看起來顯然更快樂，也更好相處。我的結論是，感恩是少數能夠明顯改變生活的態度之一。

對人生心懷感恩，不代表否定痛苦的遭遇，而是從更宏觀的角度理解人生。之前我剛開始著手撰寫這本書時，我的女兒蓋布莉突然腹部劇烈疼痛，被送進醫院。她非常不舒服，不僅噁心想吐，還出現腹脹的症狀。那幾天我們全都籠罩在恐懼、絕望與悲傷之中。有一度，麗莎和我都害怕即將失去我們的寶貝女兒。四天過去了，病情持續惡化，痛苦並未減輕，在無法確診的情況下，醫師群突然在半夜十二點決定針對完全性腸阻塞進行重大緊急手術。結果，手術及時完成，再晚個幾分鐘，我女兒的腸子就要爆開了。

後來，蓋布莉慢慢康復，我們終於鬆了一口氣。在那段難熬的時光，麗莎學到重要的一課——接受與韌性會讓她重拾自信，不論遇到什麼逆境，她都覺得自己有能力克服。她可以悲嘆命運不公，也可以心懷感恩。結果，麗莎選擇感恩，她為了蓋布莉的生命，為了她日漸康復，以及隨之而來的課題而充滿感謝。

透過對人生心懷感恩，我們得以敞開胸懷，迎接各種可能性，體驗英國哲學家路德維希・馮・維根斯坦口中的「絕對安全」。維根斯坦這番話是得自他個人的經驗。第一次世界大戰期間，戰火激烈，他在服役時親眼目睹成千上百的人死去。維根斯坦所謂的「絕對安全」，代表「一種心智狀態，當一個人處於這種狀態時，往往會說：『我很安全，不論發生什麼事，都傷不了我。』」根據他的觀察，絕對安全來自於感恩之情，以及對這個世界的好奇心。

當然，我們的身體依然十分脆弱，容易受傷，但情感卻處於絕對安全的範圍內。即使面對危機，只要認定這個世界基本上充滿善意，我們就可以滿足內心深處對於安全感的需求。

不論發生什麼事，都接受「就是這樣」的人生

維克多・法蘭可在《活出意義來》書中，敘述一位年輕女士的故事，她是他的病患，當時在納粹集中營病入膏肓。

這位年輕的女士得知自己只剩下幾天的生命。可是，當我跟她說話時，儘管她已得知噩耗，卻依然心情愉悅。「我很感謝命運帶給我這麼沉重的打擊。」她告訴我，「過去的生活把我寵壞了，以前我從不把心靈成長當一回事。」她指著牢房窗外，說：「在這裡，這棵樹是我唯一的朋友，陪伴我度過寂寞。」透過窗子，她只能看見那棵栗樹的一枝樹枝，上面綻放了兩朵花。「我常和這棵樹說話。」她對我說。

我心裡大吃一驚，不確定該怎麼解讀她的話。她精神錯亂了嗎？還是偶爾會出現幻覺？我焦慮地問她，那棵樹會回應她嗎？「會。」「那棵樹說什麼？」

她答道，「祂對我說：『我在這裡——我就是當下，我是生命，永恆不朽的生命。』」

此刻她正處於極大的痛苦中，性命垂危，孤單寂寞，遠離所有家人和朋友，然而，令人訝異的是，這位年輕女士卻「心情愉悅」，對艱困命運帶給她的生命課題「充滿感謝」。她與一棵樹成為朋友，儘管實際上她看到的只不過是枝綻放兩朵花的樹枝，但她透過這樣的方式，在逼近死亡之際與生命建立連結。她因此得以創造屬於自己的幸福，好好享受最後的時光。即使在這麼可怕的處境下，她還是以肯定的答案回答愛因斯坦的問題，從一棵樹的形式體驗到這個世界的友善。

人生有時充滿艱鉅的挑戰，不過，我們可以選擇是否將這些困境視為有益的挑戰。即使面對最困難的關卡，我們還是可以選擇從這些挑戰中學習成長。

正如法蘭可在他書中極具說服力與深刻動人的觀點（這本書原本的德文書名是《不論發生什麼事都接受人生」》，我們有能力選擇面對人生的基本態度，而這會直接影響我們對待他人的態度。與其抗拒人生，認定人生充滿敵意，不如選擇接受人生，將人生視為朋友。一旦我們這樣做，就能重新塑造我們的人生、人際關係與談判過程，讓一切好轉。

POINT

- 每個人都具備「重新建構」的能力，能夠以不同的角度解讀當下的處境，賦予不同的意義。

在每一次棘手的對話或談判過程中，我們都有兩種抉擇：一是我們是否把這場談判當成比賽，勢必得有輸有贏？二是我們能否視之為同心合力解決問題的機會，雙方都能從中獲益？藉由重新建構每一次棘手的對話，我們可以從互相對峙轉向夥伴之間的合作互惠，就是改變遊戲規則。

- 我們大腦的左半邊負責語言、邏輯、判斷與時間感，而右腦則會表現出同情心，擁有開放的心胸，以及支持他人。因為日常生活中有層出不窮的干擾、衝突與談判，使得左腦運作的頻率大為提升。因此，每天透過練習，如散步、靜坐、創作與聽音樂等，都有助於右腦發展。
- 如果你希望在談判過程中把餅做大，可以先從設法把「內心的餅」做大開始。當我們越不需要靠別人滿足自身的快樂，我們的人際關係就會越來越成熟，也會越來越滿足。當我們不覺得匱乏，衝突就會越少，也越容易與人達成共識。

第四章

活在當下，接受會帶來平靜

從抗拒到接受

「他的快樂來自活在當下，不受制於時間。」
——英國哲學家，路德維希·馮·維根斯坦——

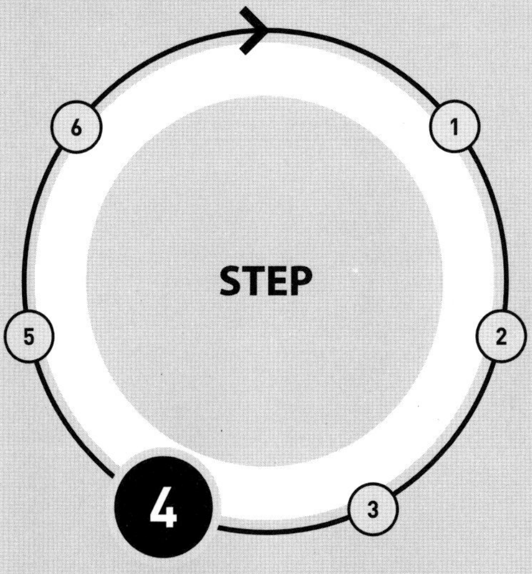

活在當下，把焦點放在永恆不變的生命、自然、宇宙，我們就會對消逝的一切更有意識，明白每一次經歷都如此珍貴，因此更心存感激。

不論我們面對什麼衝突，那些終將成為過去；我們也會發現自己更容易找到當下的時機，與別人達成共識。

我曾應聯合國與卡特中心之邀，在委內瑞拉面臨嚴重政治危機時擔任第三方調解人，當時的局勢一觸即發。

上百萬民眾聚集在首都卡拉卡斯街頭，要求查維茲總統下台；另外也有上百萬民眾走上街頭支持他。民眾自行武裝，謠言四起，據說即將發動攻擊，國際觀察家也密切關注爆發內戰的可能性。

我曾接到前總統吉米・卡特的電話，他希望我能拜會查維茲總統，商討如何避免局勢惡化。會議敲定後，我希望把握這個或許一生僅有一次的機會，好好影響這個國家的領導人。我已經絞盡腦汁，準備提出最明智的建言。不過，我問自己，他幹嘛要聽我一個「美國佬教授」的話？

我照老習慣到公園散步，釐清思緒。我推測跟總統會面時，我大概只能分配到幾分鐘的時間，因此我在腦海中思考我想提出的建言，簡單摘要出重點。可是，在散步途中，我腦海中浮現跟我原先打算完全相反的另一種想法：不要提供建言。除非是對方要求，那我當然要照做。一開始，我只要聆聽就好，專注在當下，等待時機。這麼做當然會有風險，下場可能變成這場會議迅速結束，而我失去唯一的機會，再也無法用我的建議影響他，但我還是決定孤注一擲。

開會的日子到來時，緊張的局勢持續升高，抗議民眾激動地聚集在總統府外面。我和同事佛朗西斯科・狄亞茲一抵達，就遵照指示等候，後來他們帶我們前往一間豪華寬敞的外賓接待室，查維茲總統在那裡迎接我們。他邀請我們坐在他身旁的沙發。我先感謝他安排這場會議，轉達卡特總統的問候，然後關心他四歲女兒的近況，她剛好跟我女兒同年紀。於是，話題就這樣自然展開。

沒多久，查維茲總統開始暢談他的生平。他一直在軍中擔任上校，後來在卡拉卡斯，因為食物價格而引發暴動，他和麾下的軍隊接獲命令，要他們射殺平民，武力鎮壓暴動，他因此憤而辭職。隨後，他發動政變，卻身陷囹圄，出獄後開始競選總統。查維茲總統談到自己非常敬佩西蒙・玻利瓦（Simon Bolivar），一八〇〇年代早期，這位著名的革命英雄帶領拉丁美洲脫離西班牙統治而獨立。我仔細聆聽，試著理解站在他的立場會有什麼想法。

聊完自己的過去之後，他轉向我，問道：「好吧，尤瑞教授，你怎麼看委內瑞拉這場衝突？」

「總統先生，我曾經在許多內戰中擔任第三方調解人。一旦發生流血衝突，就很難收尾。我認為你現在有大好的機會，可以在戰爭發生前加以預防。」

「怎麼做？」他問道。

「與對方展開對話。」

「跟他們談判協商？」他的怒氣溢於言表，「他們是叛國賊，試圖組織軍隊對抗我，而且不到一年前，就在這間房間裡，他們還想要殺我。」

我停頓片刻，決定「前往陽台」。與其跟他爭辯，不如順著他的思路。

「我了解你的意思。既然你根本不相信他們，那跟他們協商又有什麼用？」

「沒錯。」他答道。

當時，我就只是專注在當下，等待良好的時機出現。突然間，我想到一個問題：「你顯然是因為發生在你身上的遭遇，才會不相信他們，那麼，讓我問你：明天早上他們要採取什麼行動，才會讓你覺得那是他們準備改變的跡象？」

「跡象？信號？」他問道，停下來思考這個出乎意料的問題。

我說是的。

「嗯，首先，他們可以停止在他們的電視台叫我『猴子』。」他苦笑了一下，「然後，他們可以停止讓穿著軍服的將領上電視要求推翻政府。那是叛國！」

在幾分鐘內，查維茲總統同意指派他的內政部長，和我、佛朗西斯科一起研擬出一份清單，列出雙方可以採取哪些實際行動，建立彼此的信任，解除危機。總統要求我們隔天就來向他回報進展。這場會談從一開始拒絕解除政治危機，到後來意外展開一系列有建設性的行動。

我和佛朗西斯科起身向查維茲總統道別之際，我瞄了一眼手錶。我渾然不覺時間流逝，沒想到竟然已經過了整整兩個半小時。我十分確定，要是我照原先的打算，一開始就提出建言，總統肯定會在幾分鐘內就結束會談。畢竟，外面還有那麼多人排隊等著見他。然而，因為我刻意放下試圖提出建議的念頭，就只是把注意力專注於此時此刻，留意可能的時機，結果這場會議成果輝煌。

如果我們想要在敏感局勢中達到共識，關鍵在於尋找當下的時機，引導彼此的對話，朝共識邁進，就像我們與查維茲總統進行的會談一樣。我發現，在大多數情況下，只要我們仔細留意，就會有機可乘。

不過，我們非常容易錯過時機。在我參與的許多談判中，這種情況很常見，明明一方已經釋放出訊息，大好時機就在眼前，甚至已經讓步，另一方卻渾然不覺。不論是夫妻吵架或在公司為了預算而引發爭執，我們都太容易分心，老是想著過去，擔心未來。然而，唯有活在當下，我們才能有意識地改變對話的方向，朝共識邁進。

關於尋找當下時機，早在許多年前，我就從我的導師兼同事羅傑・費雪身上學會這一課。當時，我認識的其他大學教授全都把注意力放在了解特定衝突事件的歷史或預測未來走向上，羅傑卻投入研究如何把握當下時機，展開有建設性的行動。他老是喜歡問：「誰今天可以做什麼，讓這場衝突邁向和解？」羅傑十分清楚，過去或未來或許很有趣，可以讓我們增廣見聞，但讓衝突出現轉圜的力量存在於當下。他專注研究如何把握轉瞬即逝的時機邁向共識，讓當時的我大開眼界。

不過，當時我還沒完全想通第一步要怎麼做，才能讓我們在與別人互動時，把注意力放在當下的時機。如果我們打算找到當下的時機，我們內在的焦點自然必須放在當下。當我們處於放鬆而靈敏的狀態，關注當下，往往就會有最好的表現。

心理學家米哈里・契克森米哈伊在他知名的著作中，探討這種讓我們表現優秀的心理狀態與內在滿足，他將這種狀態稱為「心流」。運動員有時稱這種狀態為「臻於化境」（zone）。舉例來說，如果網球選手老想著上一場勝利或下一次得分，他們就不可能打出好球。一旦完全活在當下，也就是處於顛峰狀態，他們就可以臣服於當下，拿出最好的表現。前短跑選手馬克・理查德森曾描述他跑步時進入心流狀態的體驗：

「那是非常奇特的感覺。時間彷彿慢了下來，眼前的一切都如此清晰。你只知道自己正全力發揮。感覺完全不費力，就像你順著跑道飄浮前進。每一塊肌肉、每一條肌肉纖維、每一根肌腱都和諧地運作著，最終成果就是你跑出難以想像的好成績。」

對網球選手、跑者和其他運動員來說，停留在心流狀態非常重要。同樣地，當我們試圖與別人建立共識，不論對方是配偶或伴侶、同事或客戶，這對我們也很重要。正如同我與查維茲總統會談時的發現，全心全意投入當下，讓我們比較不會出於反射而行動，這有助於我們留意可能的時機，進而發揮天生的創意，這樣一來，我們就更容易達成彼此都滿意的共識。進入心流狀態，不僅會對我們的表現產生正面的影響，而且也會讓我們體驗到最大的內在滿足與快樂。

若想要專注地停留在當下，或許最大的阻礙就是來自內在的抗拒，我們懊悔過去，擔憂未來，否定當下，不願意接受生命本來的樣貌。進入心流狀態的關鍵在於，放下內在的抗拒，接受過去，相信未來，擁抱當下，認清一切本然如是。換句話說，就是要接受人生。

學習放下，順著生命之流前進

放下對生命的掌控，或許沒有看起來那麼容易。我想起一次年少時期的登山探險經驗。

當時，二十來歲的我和朋友達斯汀已經攀上顛峰，準備用繩索沿著崖壁垂降下山。為了往下垂降，我們從山頂上突出的岩石平台躍下，沿著峭壁崖面，倒退著往下攀爬，有時候我們置身於超過三百公尺高的峭壁，幾乎是垂直往下。剛開始用繩子垂降時，我非常膽怯，身體的每一個本能都告訴我不要放手，免得掉下懸崖。可是，如果我不放開繩子，就會卡在半空中，根本下不了山。我渴望掌控局面，而且一想到萬一我無法掌控局面會發生什麼事，我就非常害怕。結果我的渴望與恐懼完全成了我的絆腳石，阻礙我前進，讓我無法得償所願，回到山下。

有時候，我們並非真心想要放下對生命的掌控，就像剛開始學習用繩索垂降時，我其實不想放開繩子一樣。我們或許認為只要不停地擔心未來，就能讓我們遠離危險。我們或許很享受下面這些感覺——為了過去而鬱鬱寡歡；怪罪別人，因為這麼做讓我們感到正義凜然，高人一等；或者，我們活著只是為了生氣。只要情勢不如預期或偏離計畫，我們可能就會想要掌控、甚至對抗當下的局勢。正如蕭伯納的觀察：「有時候是人們緊抓著重擔不放，而非重擔束縛著他們。」

基於以上種種原因，克服我們的抗拒心理，直到願意放下，將會是段漫長的過程。為了學會用繩索垂降，我開始放開緊握的繩子幾秒鐘，感覺自己依然安全無虞，然後鬆開手久一點，再抓住繩子，就這樣持續到我終於感覺安心自在，適應了沿著懸崖倒退垂降的過程。一旦放開繩子，我唯一能做的事就是欣賞風景。

同樣地，當我們面對挑戰，必須放下掌控，進入心流狀態時，我們也需要這種兼具耐心與堅持不懈的精神。經過一段時間，我們做起來就會毫不費力，連想都不用想。

對下面這件事，我至今仍記憶鮮明。有一次，達斯汀和我必須冒著大風雨，從高聳的山頂垂降下山，當時傾盆大雨狂洩而下，雨水直接打在我們臉上，遠方的雷聲轟隆作響，閃電不時劃過天際。我們發現自己落在一處小小的岩石平台上，放眼望去只見一棵纖細的小松樹緊貼著峭壁，那是唯一可以用來支撐繩子的支點。我們趕緊把繩子纏繞在松樹上，使勁拉一下，測試能否撐得住，然後就繼續往下垂降。

當我開始從峭壁邊緣往下垂降，把全身重量都放在繩子上時，松樹突然顫動了起來，然後彷彿慢動作般開始連根拔起。我趕緊抓住岩石平台的邊緣，及時穩住自己。達斯汀和我面面相覷，不發一語，一想到剛剛可能發生什麼事就心驚膽跳。我們停下來環顧四周，竭力尋找其他支點，終於發現一顆大圓石，看起來可靠多了。這一次，我們總算安全地垂降下山。不用說，達斯汀和我學會在放手之前，得先敏銳地判斷我們賴以支撐的地方夠牢靠才行。

我發現，同樣的道理也適用於我們放下對生命的掌握。我們能不能放鬆，順其自然，順著生命之流前進，取決於我們是否認為自己置身於充滿善意的世界，感覺穩如泰山。如果我們可以重建人生觀，發掘內在的滿足，那麼，我們就會更願意放下對過去的怨恨與對未來的憂慮。重新建構人生藍圖能讓我們如釋重負，接受生命本來如是。

接受過去，讓自己解脫

我有位客戶陷入商業糾紛，他坦承：「一想到克雷格對我做的事，我就一肚子火。所以，攻擊他讓我感覺很痛快。如果我同意和解，從此少了這種屬於我個人的戰爭，我的生活會變成什麼樣子？」他一心只沉緬於過去與享受報復的快感，以致於看不見在這場談判與人生中，他真正想要達成的目標是什麼。

身為調解人，我處理過許多家庭不和、罷工與內戰等事件，在工作過程中，我目睹過去沉重的陰影如何造成痛苦與怨恨。我總是一連好幾天聆聽雙方互相控訴，指責誰對誰做了什麼。經過觀察，我發現人心有多容易陷入過去的泥沼中，忘了把握當下的時機，結束彼此的衝突與折磨。

緊抓著過去不放，是自我毀滅的行為，因為這麼做分散了我們的注意力，讓我們無法專心尋求彼此意見一致；而且，對過去耿耿於懷，也會讓人不快樂，甚至有害健康。此外，還會影響我們身邊的人，而他們是我們生命中最重要的支持者。他們眼睜睜看著我們執著於過去，無法前行，肯定也不會感到快樂、幸福。這對每個人都是一種損失。如果我們真的了解執著於過去會讓我們付出多大的代價，最終會導致怎樣的自我毀滅，我們或許就不會遲遲不肯放下了。

在前述的糾紛裡，一旦我的客戶能夠放下對過去的執著，好好解決雙方的歧異後，他說他現在已經判若兩人，感覺輕鬆許多。就連他年幼的孩子都能察覺到，這場衝突讓他們的父親身心俱疲，他們也為此擔心不已。當這起糾紛落幕時，他們目睹父親明顯的改變，終於感到如釋重負，還告訴媽媽：「爹地不再老是講電話了。」

只要放下過去，我們就可以獲得真正的解脫。前美國總統柯林頓在聯合國的演講中提到，他曾問曼德拉一個問題：「老實說，之前你一踏上外面的街道時（當時曼德拉剛出獄），你不恨他們嗎？」曼德拉答道：「我當然恨他們。現在我年紀已經老到可以坦然說實話了。當時我心裡充滿恨意與恐懼，但我告訴自己：如果你坐進那部車時還沒停止恨他們，你就依然是他們的囚犯。我想要自由，於是我放下了。」

這個人飽受了二十七年的牢獄之災，絕對有充分的理由氣憤難平，懷恨在心。他帶給夥伴最大的驚喜禮物是，幫助他們放下過去沉重的包袱，這樣一來，他們就可以達成共識，開始為全國人民打造自由的南非。曼德拉學習原諒之前看守他的獄卒，接受他們的所作所為，此舉鼓舞了上千人效法他寬恕。其中包括一位羅本島的年輕囚犯康果，他因為帶領學生抵制活動而遭到拘留，在囚禁期間飽受折磨。康果說道：「我們無法帶著破碎的心活著。總有一天，我們必須接受發生在我們身上的遭遇，明白那些年的確就是浪費掉了。老是沉溺於過去，只會讓你心亂如麻。」

原諒那些曾經錯待我們的人，不代表容忍或忘記他們的所作所為。原諒他們，代表接受已經發生的遭遇，讓自己獲得解脫，不再背負沉重的負擔。畢竟，一旦選擇原諒，第一個受益的人就是我們自己。怨恨與氣憤往往會耗盡我們的心力，對自身造成的傷害遠超過其他人。緊抓著怨念不放，感覺就像你明明是搭火車旅行，手上卻還要一直提著行李是一樣毫無道理；這麼做只會讓你筋疲力竭，但其實你根本沒必要累壞自己。

每個打擊，都有它的意義

跟原諒別人同樣重要的是，我們最該原諒的人或許是自己。毋庸置疑，我們每個人在某種程度上都會心懷懊悔、罪惡感、羞愧、自我厭惡與自責，因為我們未能信守對自己的承諾，而傷害了自己與別人。這些感受自然會在我們心中鬱積，讓我們分心，無法專注在當下。這正是為什麼非裔美籍作家兼詩人瑪雅・安傑洛（Maya Angelou）極力主張原諒自己至關重要：

只要活著，你就會犯錯，這是無法避免的。可是，一旦你犯錯之後，要明白自己犯了錯，然後原諒自己……如果一心只想著犯過的錯，就會讓過去的錯誤擋在鏡子與臉龐之間，無法從鏡中看見自己光彩傲人的一面。

接受過去，不只是放下對他人與自己的指責，同時也是接受生命賦予我們的體驗，不論這些體驗帶給我們多大的挑戰。如果我們無法放下怨恨與懊悔，就會成為過去的囚徒。為了幫助自己接受過去，我們可以重新詮釋自己的生命故事，即使面對最艱鉅的生命事件，我們都要賦予正面的意義。我們或許無力改變過去，但卻有能力改變過去對自己的意義。

就算我以前不相信重新詮釋生命故事的力量，但自從經歷過女兒蓋布莉就醫的挑戰之後，我肯定被說服了。早些年蓋布莉剛出生的時候，我太太麗莎告訴我，她覺得自己陷入黑暗的深淵，永遠無法脫身。然而，隨著時間過去，她和我學會從不同的角度詮釋我們的經歷。真相是，儘管旁觀女兒接受一次又一次的療程，十分痛苦、艱難，但這個挑戰讓麗莎和我提升身為人類的能力，並善用我們的內在資源，進而得以成長，我們感謝這趟蓋布莉之旅帶給我們珍貴的人生課題，這些課題同時也會在本書中呈現。而我也加強了自身的能力，學會觀察自己的思維與情緒、站在自己的立場、將人生視為盟友。

回顧往事，麗莎和我終於懂得珍惜過去所有的體驗，將之視為「受到祝福的打擊」，這種考驗喚醒我們的生命潛能，得以感受當下的喜悅。儘管我們並非自願選擇這條路，但我可以肯定地說，由於我們學到的一切，如今我們每個人都更快樂，也更滿足了。事實上，若非經歷過這些事，我肯定不會寫這本書。

相信未來，你擔心的事九〇%都不會發生

有一次，我對一群商業人士演講，內容是關於最佳替代方案的重要性。有位男士上前對我說：「沒錯，你說得對。但我也想知道我的『最糟替代方案』是什麼。」

「為什麼？」他引起了我的好奇心。

「因為我太愛操心了，老想著萬一談判過程出錯，會發生什麼事。」他說，「如果能夠先想想最糟的情況，對我會有幫助，因為那樣一來，我就可以對自己說：『倘若這些事都要不了我的命，那我就能好好活下去。』然後一笑置之。」

他的話倒是挺有道理的。我們在談判過程或生活中，老是擔心會發生什麼壞事。雖然關注未來對我們很有用，但是，不斷擔心未來只會讓我們遠離當下，以致於無法發揮最大潛能。

由於我的工作常需要處理危機四伏的衝突，所以我對恐懼十分熟悉。我常常目睹恐懼控制我和其他人。但是，這些年來，我已經領悟到，我們的恐懼大多毫無根據。正如四百年前法國哲學家蒙田所言：「我的生活充滿悲慘的不幸，只是大部分並未發生。」到頭來，跟我們害怕可能面臨的危險相比，其實恐懼本身對我們造成更大的傷害。對此，蒙田的結論是：「害怕受苦的人，已經因為害怕而受苦。」

我們可以用信任代替恐懼。我所謂的「信任」，並非指相信世上沒有挑戰或痛苦的遭遇。我的意思是，你要對自己有信心，相信不論有什麼樣的挑戰橫亙在前，你都有能力克服。在本章開頭，我曾提及與查維茲總統的對談，當時，正是這種信任，讓我能夠創造輝煌成果。如果我臣服於自己對失敗的恐懼，就不可能讓整個場面對談如流，自然地開啟談判的契機。

然而，信任的真諦，並非是僅一次性的態度轉變，而是我們每天都能做出有意識的選擇。不論對方是客戶或主管、配偶或伴侶，每一次與他人互動時，我們都可以在恐懼與信任之間選擇。我們要聽從「拒絕」發出的勸告，不要讓自己看起來一臉蠢樣或滑稽可笑；還是要聆聽「接受」鼓勵的聲音，把握機會，追隨直覺呢？

邱吉爾曾說：「悲觀者在機會中看到困難，樂觀者在困境中看到機會。我是樂觀者。看起來唯有成為樂觀者，才有益處。除此之外，別無他途。」正如他十分清楚戰爭的可怕，信任未來並不代表忽略人生問題。相反地，我們可以秉持信任的態度，積極處理眼前的問題。你何也不試著抱持這種態度，然後看看當你相信自己能克服任何生命帶來的考驗時，情況是不是反而比一直擔心未來好多了？

有許多實用的方法，可以幫助我們放下對未來的恐懼。例如，你可以在心裡浮現恐懼時，好好觀察恐懼，然後有意識地釋放它，甩掉它，就像跳進湖裡的小狗在上岸後甩掉身上的水珠一樣。你可以深呼吸一、兩次，讓氧氣進入大腦，讓你更加清明地洞察一切。或者，你也可以效法我之前提過的那位商人，當你對未來某件事的結果感到焦慮不安時，不妨詢問自己一個簡單卻威力強大的問題，藉此檢驗現實狀況：最糟的情況會是什麼？只要你可以從清晰的角度面對自己的恐懼，就能更輕鬆地活在當下。當我們的身體準備好進入戰或逃的模式時，就會無法區別眼前的威脅是出於現實，或只是單純的想像。因此在大多數情況下，只要一點點洞察力，對我們放下恐懼就會有很大的幫助。

想要從不必要的恐懼中脫身，或許最可靠的方法是時刻記得你心裡的最佳替代方案，別忘了你要接受自己的人生。一旦你承諾會照顧自己，相信命運會站在你這邊，你心裡就會浮現一種感覺：不論未來發生什麼事，一切終將安然無恙。

就像中國有句古老的勸世諺語：「你無法阻撓憂慮之鳥從你的頭上飛過，但你可以制止牠們在你的頭髮築巢。」所以，別為將來擔憂太多。

擁抱當下，沒有任何事比「生命此刻的圓滿」更重要

一旦我們從過去的重擔與未來的陰影中脫身，我們就可以更自由地活在當下，即時行動。我們可以讓思緒偶爾停留在過去，從中學習；也可以造訪未來，預先計畫，未雨綢繆；但唯有立足於當下，我們才能創造正面的改變。同樣地，在談判過程中，若能安住當下，把握眼前的時機，我們與別人達成共識的難度就會降到最低。

在現代社會，手機、簡訊與電子郵件無所不在，我們太容易分心，缺乏專注力。若我們老是心思漫遊或胡思亂想，背後隱藏的訊息其實就是抗拒，意味著我們不願意接受此刻的人生，我們想要暫離現實或躲進虛擬世界。我們往往懷抱理想與期待，認為人生應該如何或不應當如何，而內心的審判者更時時刻刻拿現實

的成就與心中的理想做比較。我們一直在批判自己。「我現在早就應該拿下這筆訂單了。」「我應該不要用那種口氣跟主管說話。」「我的另一半應該對我更好一點。」當你開口閉口都是「應該」與「不應該」，就代表你心中有所期待。

接受生命本然如是，不代表自我放棄，或屈就於當下的情勢。事實上，有建設性的改變，不應浪費時間與精力去抗拒現實，而該接受現實，不論過程有多痛苦。

我的朋友朱蒂絲曾度過一段艱難的時期，當時她的兒子班正值叛逆期，他九歲開始叛逆，十三歲時達到高峰。班會一再激烈地忤逆她，即使她試圖與他好好維繫關係，但他始終拒人於千里之外。朱蒂絲的情緒彷彿像坐雲霄飛車般起伏不定，在痛心與暴怒、無奈與下定決心、悲傷與眼淚之間擺盪。她覺得自己好像快崩潰了。

「我就是放不下。我覺得我是在為我的人生、為兒子的人生奮鬥。」朱蒂絲解釋道，「自從班搬進地下室的家庭娛樂室住，我先生就一直樓上樓下來回奔走，像個忙亂的調解人，試圖在叛逆的勢力與瓦解的現狀之間傳遞訊息。」

當時朱蒂絲不僅怒斥班的行為，基本上她也等於否定當下的人生。然而，不論她如何掙扎抗拒，都無法強迫班在那時候接受她。

我們很難放棄掌控人生，在風險很高時更是如此。我們之所以害怕放下，或許背後的原因是，我們誤以為萬一無法掌控周遭所有情勢，一切就會瓦解，我們的人生也會因此崩毀。我們出於本能，想要保護理想中的人生，讓生活按照期望進行。當然，拒絕接受當下的現實，傷害的不只是我們，還包括我們身邊的人。以朱蒂絲的例子來說，她與先生由於互相批判、指責、傷害，加上彼此都感到無助，導致夫妻關係嚴重緊張。

所以，我們究竟要怎麼做，才能放下呢？

朱蒂絲藉著檢視她對未來的假設，學會了放下。也正是這些假設，使她覺得必須掌控她與兒子之間的關係。有一天，她在屋後的小徑散步時，捫心自問：最糟的情況會是什麼？那時，朱蒂絲瞬間醒悟：「除了我兒子死掉之外，我能想到最糟的事，就是我最終只能和三個孩子中的兩個保持良好關係。」以談判術語來說，她正在問自己一個檢視現實的問題：萬一她沒辦法與兒子達成共識，她的最佳替代方案是什麼？

突然間，朱蒂絲的情況似乎不再那麼可怕了。她問自己：「我能忍受這種情況嗎？即使我和兒子再也不可能擁有良好的關係，我還能感到快樂嗎？」答案顯而易見——她可以的。「這雖然不是我期望的結果，但我勉強可以接受。我還是有能力在生活中找樂子，滿足自己。我的幸福並非取決於這個孩子對我的愛或認同。」就在那一瞬間，朱蒂絲從自己的恐懼暴力中獲得解放。

她說：「漸漸地，我就放下了。我放下對他的需索，不再需要他感謝我，也不需要他愛我，或甚至喜歡我。我不需要他打電話給我或跟我講話。我不需要他像對他爸爸一樣，對我有同樣的情感。最終，我對彼此的關係再也沒有任何要求。我接受我的人生就是這樣，並不符合我原先的期望，我以前對自己身為母親、妻子或任何角色的想像，如今都消逝了，取而代之的是自由。」

一旦朱蒂絲放下原先對人生的期待，正面的改變反而就此展開，一切順其自然。到頭來，她的放下竟意外成為關鍵，讓母子之間的衝突得到轉圜的餘地，這些年來，他們的關係漸漸修復。正因為朱蒂絲能夠放下自己的要求，接受她兒子本來的樣貌，經過一段時間之後，他才能靠近她，為自己對她造成的傷害道歉，說他其實有多愛她。

她選擇面對生命本來的樣貌，與自己達成共識，藉由這些方式，她終於能夠與兒子、先生達成共識。

如果我們一開始並未接受現實，就很難在衝突中找到彼此都滿意的解決之道。我已經汲取教訓，接受當下，接納生命所賜予的禮物。就像朱蒂絲受不了她和兒子爭執不斷的關係一樣，不論我們多討厭現況，當下這個片刻就是禮物。也許在我們的想像中，我們理應得到另一份禮物，但此刻的一切就是當下的禮物。

這樣說來，或許我最好的導師是我的女兒蓋布莉。儘管她接受了十四場重大手術，卻從不浪費時間回顧過去、心懷怨懟與後悔，或者可憐自己。相反地，她對生活充滿好奇，每天都樂在其中，興奮不已。每當我發現自己的思緒停留在她的過去，或開始擔心她的未來，一旦只要想起她彷彿雷射光束般把注意力都放在當下，我就會放下釋懷了。如果連她都能坦然面對，活在當下，那麼我也做得到。

麗莎和我看著蓋布莉經歷這麼多次手術後，我們恍然大悟，原來痛苦必然就會發生，因為那是生命的一部分。可是，一旦我們抗拒生命與痛苦，就會開始受苦。痛苦或許無可避免，但你可以選擇要不要受苦。我們或許會以為都是因為痛苦，我們才會抗拒，但其實我們是因為抗拒才會受苦。我們困在失望與永無止盡的期望裡，心裡只願這不是發生在我們身上的遭遇。抗拒現況，往往會讓困境拖得更久，甚至是無限期延長。

當然，這麼做並不容易，但我們可以選擇讓苦難有所止境，只要我們逐漸學會放下抗拒，接受生命本然如是。我在人生中學到最重要的一件事，便是在生命中，我們注定失去許多東西，而這正是生命的本質。但沒關係，只要別失去當下就好，因為那完全不值得。世上沒有任何東西比「生命這一刻的圓滿」重要。

我已經明白，活在當下的關鍵在於，能夠接受消逝的一切，同時把焦點放在永恆不變的事物。我們必須謹記自己與生命的基本連結，以此做為立足點，接受所有經歷的遭遇，儘管其中有甘有苦。就讓消逝的一切成為過去，讓永恆的一切持久不變。只要把焦點放在永恆不變的生命、自然跟宇宙，我們就會對消逝的一切更有意識，明白每一次經歷都如此珍貴，稍縱即逝，因此更心存感激。

當我們一次又一次地漸漸明白這些經歷不會永遠持續下去，就不會一遇到衝突就不經大腦地反射性行動。畢竟，不論我們面對什麼衝突，那些終將成為過去；我們也會發現自己更容易找到當下與別人達成共識的時機。

學會信任，就能遠離恐懼

如果說接受生命的第一步是重建充滿善意的人生觀，那麼，第二步就是停留在心流中，那是一種對人生充滿自信、心滿意足的狀態。接受生命，意味著接受過去，放下怨恨與不滿，不再耿耿於懷；也意味著接受未來，放下不必要的憂慮，以信任取代恐懼；同時也意味著接受現在，放下我們的期待，對此刻擁有的一切心懷感激。

當然，這麼做有時並不容易。我們必須具備堅強的力量，才能原諒過去；具備勇氣，才能相信未來；並且在我們因為人生問題不斷而一再分心時，依然能堅定地活在當下。然而，不論我們面臨多大的挑戰，最終都會獲得更大的回報：你將擁有內在的滿足、彼此都滿意的協議，以及健全的關係。

我們已經檢視了自己對生命的態度，如今該是檢視我們對別人態度的時候了。接受生命能讓我們準備好迎接下一個挑戰：接受別人。

POINT

- 原諒那些曾經錯待我們的人，不代表容忍或忘記他們的所作所為，而是代表接受已經發生的遭遇，讓自己獲得解脫。怨恨與氣憤往往會耗盡我們的心力，對自身造成的傷害遠超過其他人。

- 我們面對衝突的恐懼大多毫無根據。跟我們害怕可能面臨的危險相比，其實恐懼本身對我們造成更大的傷害。害怕受苦的人，已經因為害怕而受苦。我們可以用「信任」代替恐懼，你要對自己有信心，相信不論有什麼樣的挑戰橫亙在前，你都有能力克服。
- 在生命中，我們注定失去許多東西，而這正是生命的本質。但沒關係，只要別失去當下就好，因為那完全不值得。世上沒有任何東西比「生命此刻的圓滿」重要。

第五章

尊重，
是代價最低的讓步

從排擠到接納

「他畫了個圈圈，把我排擠在外──排除異教徒、反對者、藐視的事。
但愛和我擁有獲勝的智慧：我們聯手畫了個圈圈，把他圈進來。」
──詩人，艾德溫．馬爾侃──

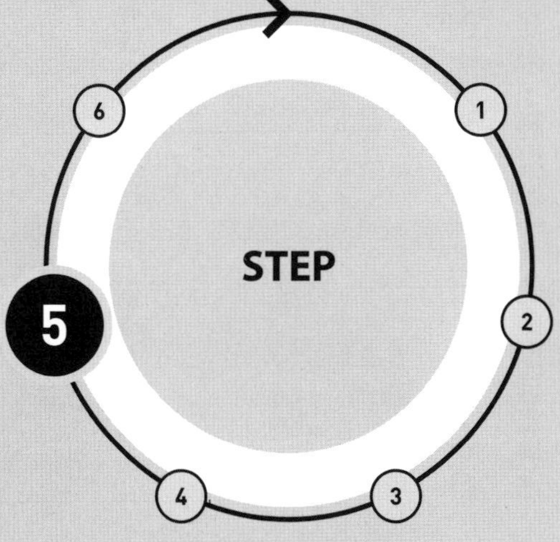

只要有一個人願意改變態度，從敵對、排斥轉變成尊重，就可以扭轉整個氣氛，為困難的對談帶來豐碩的成果。

那個人可以是我們。

尊重會產生尊重，接納會導致接納，而接受會促進接受，創造有建設性的循環。

現場氣氛相當緊張。室內有六十人，其中四十人來自管理階層，二十人來自工會，他們正準備進行勞動契約的談判。數十年來，經歷過多次的長期罷工與法庭對抗，勞資雙方關係一直很緊繃。這次談判多半沒什麼不同。「讓我們先表明立場。我們是因為法律的規定才會在這裡。」管理階層的首席代表先開口，「我們根本就不相信你們，也不喜歡你們做的事。」他的語氣冰冷，充滿敵意與不屑。在談判桌另一頭，工會代表正怒火中燒。

工會領袖丹尼士・威廉斯忍住反擊的衝動，壓抑怒火，語氣平和有禮地回應：「聽了你的話，我也想告訴你我們為什麼在這裡。我們在這裡，是為了看看我們是否能和你們一起合作，為你們的員工盡最大的努力，畢竟是這些數以萬計的員工才讓你們的企業得以成功。」

幾年後，丹尼士告訴我：

「雖然我內心怒火中燒，比地獄之火還炙熱，出於本能想要還擊，但我心裡很清楚，這麼做於事無補。我方的同事原本氣我沒有予以反擊，但最終他們還是能夠理解，我們必須這麼做。而且，我可以告訴你，一開始我回應的那番話為後續的談判奠定基調。後來，對方陣營有許多人跑來告訴我，他們很感謝我說了那番話。一點點的尊重就此改變了談判的走向。像這樣沒有經過激烈爭執，就成功針對合約達成協議，在我超過六十年的工作經驗中，只發生過三次，而這正是其中一次。」

經歷過這麼多年的談判，我發現代價最低的讓步就是尊重別人，這麼做可以用最少的付出換來最大的收穫。尊重別人，就是意味著給予對方正面的關注，以鄭重的態度待人，你希望別人如何待你，就以同樣的方式待人。

「尊重」（respect）這個字源於拉丁字根，拆開來分別代表「重複」（re）與「景象」（spect）的意思。從這個意義來看，尊重指的是「再看一次」——把對方視為值得尊重的人，並以全新的眼光加以看待。如果我們想要與別人達成共識，一開始最重要的關鍵絕對是給予對方基本的人性尊重。

雖然尊重別人是十分有利的讓步，但人們往往很難踏出這一步。當我們置身於困難重重的情勢下或關係裡，尊重或許是我們最不想付出的東西。我們也許會認為他們不值得尊重，他們必須得靠自己努力爭取，才能得到我們的尊重。又或許他們根本就不尊重我們，那我們又何必要尊重他們？

就像那位工會領袖一樣，當我們感覺自己遭到拒絕，不被認同，自然而然會想要以牙還牙。當我們覺得自己遭到排擠，自然而然會想要排斥對方。當我們遭受攻擊，就會反擊。我們出於痛苦而引發痛苦，這種互相毀滅的循環永無止盡，從家庭、企業、團體到整個社會，我曾無數次目睹這種惡性循環，下場通常是大家全盤皆輸。

不過，正如工會與管理階層緊張的談判帶給我們的啟示，通常只需要一個人改變態度，從敵對、排斥轉變成尊重，就可以扭轉整個氣氛，為困難的對談帶來豐碩的成果。那個人可以是我們。一旦我們向對方表現出尊重，他或她就更可能對我們表示尊重。尊重會產生尊重，接納會導致接納，而接受也會促進接受。我們可以效法工會領袖，逆轉互相毀滅的循環，創造有建設性的循環。

為了表示尊重，我們不需要認同別人的所作所為，也不需要喜歡那些人。我們只要有意識地選擇鄭重對待每一個人，明白這是所有人與生俱來的權利，儘管這對我們來說或許很困難。我們可以透過行為表現出尊重，但尊重其實是一種態度，源自我們的內心。基本上，尊重就等於接受別人，但不是接受他們的要求，而是接受他們的基本人權。從這個角度來看，尊重與自重是密不可分的。當我們尊重別人時，也是在向自己內在的相同人性表示敬意。當我們正視對方的尊嚴，同時也是在正視自己的尊嚴。我們若不尊重自己，就不可能同時真心尊重別人。

所以，我們如何在艱困的情勢下，一改敵對的心態，表現出尊重呢？這是自然發展的過程，只能順勢培養，不能強迫。確實，我們在與自己達成共識的過程中，尊重的態度便會從內心油然而生：如果我們已經學會藉由站在自己的立場思考來尊重自己，就會發現尊重別人變得更加輕而易舉。如果我們已經選擇為自己的人生與行為負責，就不可能責怪別人；如果我們接受人生，自然就會對別人表示尊重。

以下三種方式可以幫助你加強尊重的態度：站在對方的立場思考，擴展你尊重的範圍，還有，正如本章開頭的詩句所言，即使對方一開始就排擠你，依然要尊重對方。

設身處地，用對方的眼睛看世界

當我寫這本書時，在土耳其與敘利亞邊境待了幾天，因為要尋找任何可能結束當地如火如荼內戰的機會。我們到當地提供協助，與敘利亞反叛軍領袖展開密集對談。

剛開始，我和同事先詢問每位領袖之前如何捲進這場戰爭，以及為什麼參戰。從媒體上讀到或看到這些新聞是一回事，直接聽到當事人述說他們的人生故事，則完全是另一回事。

這些領袖原本是小兒科醫師、牙醫、律師、商人和學生。幾乎每個人都經歷同樣的遭遇：一開始都是先進行和平抗議，然後落入國安局手上，遭受酷刑折磨。他們摯愛的人大多都被殺了，有些人甚至是在我們訪談的前一天才剛失去親人。他們名副其實是從地獄般的遭遇走出來，只為了與我們談話，然後就要立刻回到戰火肆虐的人間煉獄裡。談話的現場真情流露，我和同事大受感動，同時震驚地發現我們在聆聽對方訴說時，彷彿身臨其境。我們深深感受到對方的悲傷，投入的程度前所未有。

我們最後一次訪談的對象是一位不到三十歲的年輕人，身材結實，蓄著鬍子。他是回教徒，信仰極端保守的伊斯蘭教薩拉菲派，同時也是三千名戰士的指揮官。他完全符合西方的刻板印象，看起來就像基本教義派恐怖份子。然而，我們聽完他的故事之後，那些先入為主的偏見全都一掃而空。我們開始詢問他當初加入戰鬥的過程。「那時候我在大學念書。」他答道。

「你主修什麼？」

「詩。」這個年輕人來自詩人世家，他的詩作才剛在全國大賽中得獎。當時他十七歲，由於國安局認定他寫的一首詩涉及顛覆國家的思想，因而遭到逮捕。他前後被關過三個地方，飽受折磨，自從得知與他一起參加和平抗議的夥伴遭到屠殺之後，他就加入了戰鬥的行列。當時他愛上一位埃及的女孩，衷心希望如果自己倖存的話，能夠再見她一面。

我們問他，如果他的陣營贏了，他最擔心的是什麼。沒想到他的答案竟然是宗教極端主義。儘管他相信伊斯蘭律法絕對是好事，但他也相信不應該把信仰強加於任何人身上。「我絕對不會用槍指著別人，脅迫對方要接受我的觀點。」訪談接近尾聲，我問他是否想要對我們的國民傳達什麼訊息，他說：「當人們從遠處旁觀這場衝突時，或許會認為我們不過是一群人。請將心比心，想像你們的孩子或妻子也是這些人之一。每個人都是一條生命、一個靈魂。」

這再次證實了我的想法，擱置偏見，設身處地體會另一個人同樣也有夢想、摯愛與悲痛，確實是明智之舉。詩人朗費羅曾寫下這樣的句子：「如果我們能了解敵人私密的過去，就應化解一切敵意，因為在眾人的生命裡，我們必能發現諸多的傷悲與苦痛。」若想讓我們的態度從敵對轉為尊敬，或許最快的方法是將心比心。

為了表示對受訪者的尊重，我們每次訪談都預留三小時，讓這些反叛軍領袖有充裕的時間，暢所欲言他們的故事，感覺有人真心聆聽他們說話。而且，他們也留意到我們的用心了。許多受訪者告訴我們：「你們是第一批真正聽我們說話的外國人。」在互相尊重的氣氛下，我們不只是更了解這場衝突，而且還替未來奠定良好的基礎，以後敘利亞要解決這場衝突時就可派上用場。

聆聽他人最好的方式是抱持著尊重的態度，換句話說，我們要給予對方完整的正面關注。我從談判的工作中觀察到典型的現象：我們以自己的想法為出發點，聆聽別人說話，然後憑自己的觀點加以判斷。然而，一旦我們抱持真正的尊重，就可以實踐聆聽的藝術，理解對方的觀點，從他們的想法出發。這樣一來，我們聽到的就不只是言語，還包括情感與言外之意。我們不只會聽到他們說出的內容，還會聽到隱藏在話語背後的人性。

在過去談判的經驗裡，我發現「想像自己站在別人的立場」這個舉動雖然簡單，其實是很有用的工具，比表面上看起來更有力量。透過對方的眼睛，世界看起來會是什麼樣子呢？如果我是那個人，會有什麼感覺呢？如果我經歷過他（或她）的人生，我會有什麼反應，採取什麼行動？或許我不見得完全正確理解對方，但只要明白每個人都有共通的人性，往往就能真正理解對方，而我的準確度也往往出乎意料之外（其實任何人都做得到）。將心比心是一種天賦，只是我們並沒有充分發揮這種能力。如果我真正理解對方，知道他或她想要什麼，自然就更容易達成共識。

如果我們想要更了解別人，明白他們關切什麼事，或許沒有比培養自覺更好的方法了。

在大衛．迪斯農教授的研究中，他帶領一支由心理學家組成的團隊，在波士頓地區徵募了三十九個人，進行一場不尋常的實驗。他們指派其中二十人每週參加為期八週的靜心冥想課程，然後在家練習；其餘十九人則未參加，名列候補名單上。

八週課程即將結束時，所有人都受邀前往研究室，一一接受實驗。每位參與者一進入等待室，就會看到三張椅子，其中兩張已經有人坐在上面。當他坐下等候時，第四個人就會拄著枴杖進來，一隻腳穿著腳傷專用靴，不舒服地靠著牆壁呻吟。那兩位早就坐在椅子上的人其實是實驗的工作人員，他們都不會讓位。研究學者想要了解，參與實驗的人是否會把自己的座位讓給受傷的病患。

結果，百分之五十曾經參加冥想課程的人會讓位，不曾參加的人，則有百分之十六會讓位，兩者的差距高達三倍！針對這種戲劇性的差距，迪斯農表示，根據文獻證明，靜心冥想確實能夠加強專注力（亦即我們看見他人的能力），而且能培養出一種「世上所有存在都休戚相關」的觀點。「這些人心中日漸增加的同理心，或許是直接源自冥想的力量。透過將心比心，我們得以消融人為社會身分的界限，包括種族、宗教、意識形態等造成我們分裂的因素。」迪斯農寫道。一切都歸結到基本的尊重，亦即看見其他人類的能力。透過冥想，我們「再看一次」自己，因此也更有能力「再看一次」別人。

這項研究反映出來的矛盾相當驚人。透過冥想的練習，人們學會關注自己的內在，因此也更有能力關注外在發生的一切，表現善意。我們愈深入自己的內心，面對外界時就會愈有遠見。

擴大尊重圈，把敵人變朋友

賴瑞娶了一個墨西哥裔美國人，成為太太家族裡第一個非西班牙語系出身的人，這也引發親戚間無形的緊張關係，尤其是他與大舅子荷西間的關係。十年後，荷西邀賴瑞出去喝酒。簡短寒暄之後，荷西深呼吸了一下，直接說出重點。「他向我道歉。」賴瑞後來回憶當時情景，「他說，他一直不希望家族裡有個來自英語系國家的人。於是，他背地裡遊說妹妹跟我離婚。他說，這些年來，他一直很過意不去。他覺得現在終於到了悔過自新的時候。」荷西一改對賴瑞的態度，從排擠變成尊重。他終於接納賴瑞成為他的家人，在過程中，多年來只能意會而無法明說的衝突也化解了。

我們一生中多少都有感覺遭到拒絕與排擠的時候。我們還小的時候，就已經感覺到這種痛苦，有時候是受到父母忽視或冷落，有時候是遭到同學取笑或霸凌，甚至是在體育課分組時，大家都找到組別，最後只剩下你一個人。長大成人之後，我們或許會因為遭到排擠而憤怒，比方說，主管召開一場重要的會議，卻沒找我們參加；下班後同事聚會，忘了邀請我們；在我們所屬的團體中，例如讀書會、志工組織、學校會議等任何你想得到的團體，其他成員無視我們的想法或需求。

更嚴重的情況是，我們或許會因為遭受排擠而失去機會、喪失應有的權利或公民權、受到輕視，甚至整個社會都看不起我們，只因為我們的膚色或長相、性別或性傾向、國籍或民族、宗教等許多原因。

當我們受到排擠，眼睜睜看著自己的利益不受重視，自己的聲音遭到忽略，別人甚至無視我們擁有的基本人性，這種種一切都會在我們心中留下深刻的傷口。

根據我在工作中的所見所聞，這些因為排擠而帶來的痛苦，成為絕大多數衝突的核心。以色列與巴勒斯坦，愛爾蘭的新教徒與天主教徒，塞爾維亞人與克羅埃西亞人……我聽過許多關於歧視與羞辱的故事，而這些故事的源頭往往可以追溯到好幾代、甚至幾世紀以前。這些歧視與羞辱的感受點燃了衝突，而且往往引發暴力行動。

在商業界，我也曾目睹因為感覺受到輕視而關係破裂、爆發衝突，例如有位重要的企業合夥人因為受到排擠，導致他無法參加一場重要的公司會議。當然，家族間積怨已久的原因，通常是覺得另一位家人得到的待遇比自己好：為什麼父親選擇讓弟弟來經營家族事業，而不是哥哥；或為什麼選女兒，不選兒子？

若想療癒因為受到拒絕與排擠而造成的傷害，就我所知，唯一的療方是由「認可」與「贊同」合成的止痛藥，換句話說，也就是「接納」。不論是家族不和、種族衝突或職場緊張，化解衝突的第一步都是改變我們的態度，有意識地擴展我們尊重的範圍，將我們原先不想尊重的人、或根本沒想到要尊重的人都納入其中。

我在撰寫這一章的時候，曾有機會實地參觀一間面臨許多糾紛的大型工廠，並進行員工訪談，了解他們對於剛入主工廠的貝瑞・威米勒公司有何看法。當時，大型機具轟隆作響。為了好好說話，一位負責操作其中一台大型機具的工人，拿下護目鏡與防護耳罩，暫時離開工作崗位。

我問他，自從工廠的擁有權易主之後，他覺得有什麼差別嗎？「有。」他答道，「差別就在於他們願意聽我們說話。」那正是改變的本質。前一任管理階層把員工當成花錢雇用的機器人，不讓他們參與任何重要的決策。新的管理階層則真的盡心盡力，堅持不懈，把他們當人看，珍重地對待，而且重視他們的才能，歡迎他們提出改善工廠的點子與建議。每位員工都備受尊重，彷彿他們是舉足輕重的人。

管理階層的新態度並非只是空口說白話，而是直接以行動表示。許多工廠的員工回想起二〇〇八年發生金融危機的時候，許多公司為了刪減成本，紛紛裁員，就連他們的競爭對手也不例外。他們早就有裁員的心理準備，以前的老闆也曾多次訴諸裁員的手段。不過，這次出乎他們意料之外，執行長羅伯特・查普曼提議全公司從上到下都放六週無薪假，這樣一來，公司就不需要裁掉任何人了。這是一個明顯的例子，充分說明了接納與認可的原則對所有員工及其家庭有多重要。在金融危機前後，許多同行的工廠紛紛倒閉，因為他們不僅面臨全球的競爭壓力，同時還要處理勞工與管理階層之間的糾紛。公司上下一致認為，這次情況能夠轉危為安，都要歸功於公司採取新的尊重態度，員工因此士氣大振，拿出最好的表現。

說到擴展尊重範圍的能力，在政治領袖中，鮮少有人比得過林肯總統。胸懷大志的他，一肩挑起悲劇色彩濃厚的重責大任，帶領美國度過黑暗的時刻，經歷自相殘殺、戰火肆虐的南北戰爭。在戰火日漸平息之際，林肯公開表示必須修復國家受到的傷害，並且以寬宏大量的態度對待戰敗的南方。

有一次，在白宮舉行盛大活動時，林肯對南方的困境表示同情，有位愛國心強烈的北方佬開口指責：「總統先生，你怎麼能對我們的敵人表示善意？這時候你應該一心想著摧毀他們。」林肯停頓了一會兒，對那位憤怒的愛國者說：「女士，當我把他們變成朋友時，不就等於摧毀了敵人嗎？」

我們或許可以從林肯的故事中汲取教訓，環顧四周，然後捫心自問：在我們的生命中，是否有任何「敵人」，可以讓我們藉著化敵為友來加以「摧毀」的？

畫更大的圓，能容納更多人

萬一在談判桌另一頭的人拒絕我們，就像在許多衝突中常發生的情況一樣呢？當我們感到被拒絕，不論是觀點遭到駁回或抨擊，還是需求與權益遭到忽視，我們都會出於本能保護自己，立刻打退堂鼓，以同樣的態度拒絕對方。世上只有人類會在感覺遭受攻擊時，就築起防禦的圍牆。不過，一旦我們以更強烈的拒絕與不尊重反擊對方，我們就只會永遠陷入互相毀滅的循環中，絕不可能達成協議。

我的朋友蘭德隆．博林是位著名的調解人。他還記得，一九三〇年代，當時仍是小男孩的他，在美國田納西州的學校裡，親眼見到名聞遐邇的詩人馬爾侃頂著一頭白髮，朗誦本章開頭的詩。詩人的手勢戲劇效果十足，他用手指在空中描繪出一個圓圈，把自己阻隔在外；然後，同樣戲劇性地比劃出更大的圓圈，把對方納進來。以那樣的方式回應別人的排擠，完全是與一般人所知的反其道而行。這是一種心理學柔道（psychological jujitsu）的形式。

當你面對拒絕時，不要做你第一時間想做的事，反而要背道而馳。與其拒絕別人，不如尊重他們，讓他們喜出望外。你要帶頭捨棄互相拒絕的惡性循環，轉而創造互相尊重的正向循環。也就是像柔道一樣，避免與對手正面交鋒，而是巧妙地側身，借力使力。將這股力道運用到尋求共利雙贏的方式上。在本章開頭的故事裡，工會的領袖正是這麼做。

鮮少情況比人質談判的挑戰更加艱鉅。我曾經有機會學習這門學問，並訓練警方負責談判的人員與人質談判專家。在大城市，他們幾乎每天都必須處理這種情況：不論始作俑者是銀行搶匪，或只是一個情緒失控的人，只要一有市民遭到挾持，警方的特種部隊就會包圍現場，全面武裝戒備，每個人都隨時準備開打。

換作是以前，下一個標準步驟肯定是拿出擴音器，大喊：「給你們三分鐘，立刻出來舉手投降。」等時間一到，持槍的特種部隊就會帶著催淚瓦斯衝進去。然後，多半會有人傷亡，可能是人質、匪徒、特種部隊的成員，或者三方都有死傷。

如今，在人質挾持事件頻傳的主要城市，警方採取完全不同的做法。現在一旦有人質遭到挾持，就會找來一組人質談判專家，與特種部隊並肩處理危機。他們第一個準則是什麼？就是以禮相待。給挾持者說話的機會，專注地傾聽，了解對方的想法。挾持者經常會以言語攻擊，即使如此，絕對不要予以反射性的回應。保持冷靜、勇敢、耐心與堅持不懈。換句話說，必須尊重並接受那個正在攻擊與抗拒的人，以接納對付排擠。

在挾持人質的情況下，秉持基本的人性尊重對待挾持者的策略大多有效，而且成功率幾乎是壓倒性的高，很少失靈。這麼做能讓挾持者保全顏面，有台階可下。整個過程可能歷經好幾個小時，但最終挾持者通常會投降，人質不僅獲釋，而且毫髮無傷。這就是雙方達成共識的局面。

正如人質談判專家所印證的道理，接納那些拒絕或攻擊我們的人，不代表漠視不公不義的事或惡行，而是即使面對他們錯誤的行為，我們依然尊重他們的人性。接納拒絕我們的人，不代表同意他們的要求；正如人質談判專家所示，這麼做通常意味著拒絕他們的要求，但以正面的態度正視對方與生俱來的尊嚴。即使在某些情況下，我們可能會為了保護自己，與別人劃清界線，但接納拒絕我們的人，代表我們把他們當作人對待，待人如己。

當受害者是我們自己或我們在乎的人時，勢必很難把攻擊者納入我們尊重的範圍裡，但這並非不可能。

我想起亞辛姆．哈米薩，他二十歲的兒子塔立克遭到一位年輕的幫派份子殺害。我很榮幸，曾經見過這位美國商人。當時，塔立克白天上課，晚上打工外送披薩。有天晚上，他在一間公寓門前遇上十四歲的東尼，東尼接過披薩後，一槍殺了他。這是一場幫派入門儀式。「當我接到電話說塔立克死了，我心神恍惚，彷彿靈魂出竅，因為我一下子承受不住巨大的痛苦。」亞辛姆在一次訪問中形容他乍聽消息時的感受，「那就像一顆核子彈突然在我內心深處爆炸……接下來幾個禮拜，我不斷禱告，很快就得到神賜予的寬恕恩典，明白了槍的兩頭都是受害者，因此我才能熬過來。」

槍的兩頭都是受害者——亞辛姆以慈悲之心洞悉兒子的悲劇之死，他的洞見令人驚嘆。透過禱告，他開始放下黑暗的情緒與痛苦的念頭，否則他可能陷入失去理智的危險。他能夠重新詮釋當時的情境，透過全新的眼光看待東尼。雖然東尼殺了他的獨子，不過，藉由站在東尼的立場思考，他終於能夠原諒對方，儘管他無法遺忘這一切。

亞辛姆主動接觸東尼的祖父暨監護人普雷斯·菲力克斯，大受感動的普雷斯接受了亞辛姆的寬恕提議。「我敦促東尼為自己的所作所為負起責任，盡量減輕他對哈米薩家族造成的痛苦與傷害。」普雷斯說，「他崩潰大哭，抽噎地說：『老爹，我真的很抱歉。』我抱著他，試著安慰他。隔天，每個人原本都以為會看到東尼提出『無罪』抗辯，卻意外聽到他悔過自責，真情流露，他不僅認罪，更祈求哈米薩先生的原諒。」

哈米薩勇敢地選擇原諒，此舉為東尼開啟新的可能性，讓這個年紀輕輕的兇手為自己的行為負起責任，真切感受到罪惡感帶來的痛苦，痛悔前非，而非麻木不仁。當亞辛姆的療癒過程從自我擴展到東尼與普雷斯身上，他就獲得了更深刻的療癒。

亞辛姆與普雷斯開始一起前往學校演講，鼓勵學生停止對彼此使用暴力。他們成立基金會，宗旨是促進校園零暴力。亞辛姆也受邀至全國各地演說，包括白宮。在謀殺案發生五年後，亞辛姆到牢裡探望東尼，邀請他出獄後到基金會工作。東尼告訴祖父普雷斯：「那真是一個特別的人。我開槍殺了他唯一的兒子，他卻跟我並肩而坐，鼓勵我，最後還給了我一份工作。」

這個特別的真人實事提供了一些指引，告訴我們如何改變態度，從拒絕變成尊重。即使面對最極端的暴力，自己的孩子遭到謀殺，亞辛姆還是選擇不要踏上報復之路，他的回應是尊重殺害兒子的兇手東尼，把東尼當成人看待。他並未原諒犯罪行為，只是選擇原諒東尼，希望和東尼、普雷斯共同努力，阻止青少年的暴力行為，當年正是這種暴力行為奪走了他兒子的命。亞辛姆發現新的人生使命，深深感到自我實現的滿足。

我遇到他的時候，他充滿熱情，是個充滿活力且知足的人。正如本章開頭的詩句，亞辛姆畫了一個更大的圈圈，把他們都納進來。

如果在更多極端的情況下，例如挾持人質或像亞辛姆這樣的悲劇中，能夠運用以尊重回應拒絕的策略，那麼當我們面對每天的日常情況時，就更容易考慮採取這樣的策略。

下一次，當你的主管、配偶或同事說出什麼話或做出什麼事，讓你感覺遭拒，而你一時衝動想要直接反擊時，試著阻止自己，然後「走到陽台」，觀察你的情緒與念頭。站在自己的立場思考，牢記你內在「談判協議的最佳替代方案」，別忘了你承諾要照顧自己最深的需求。

如果你相信自己有能力創造屬於自己的快樂，當別人挑釁時，你就不太容易隨之起舞。一旦你尊重自己，就更容易尊重別人，即使他們一開始拒絕你，你也會接納他們。

以尊重回應拒絕，用認同回應否定

「亞伯拉罕之路」指的是中東的文化之旅，我們追隨先人亞伯拉罕的足跡，開發出這條路。世上超過一半的人類，包括基督徒、穆斯林和猶太人，都將亞伯拉罕視為祖先敬仰。協助重現「亞伯拉罕之路」，成為我最大的熱情所在。

第一次出發時，我與二十三位同伴一起踏上旅程，我們搭乘巴士橫跨五個國家，比照亞伯拉罕四千年前出發的地點，一路從美索不達米亞北部的哈蘭城，來到巴勒斯坦西岸的中心點希伯崙市，這裡正是亞伯拉罕埋葬之地。

多年來，我和同事在哈佛研究是否可能重現這條先人的路徑，藉此在全世界衝突不斷的文化與信仰之間，帶來啟發，讓人們更了解彼此。我們遭到質疑，許多人認為不可能穿越這個動盪不安的地區，但我們仍下定決心要證明給全世界看，這並非不可能的任務。

在這十二天巴士之旅，我們四處造訪與亞伯拉罕有關的地方，與當地的市民領袖、宗教首腦與政治首領一起商議，看是否可能重建這條先人的路徑，變成一條長途健行的步道。我們橫渡約旦河，抵達巴勒斯坦西岸的伯利恆。結果正好遇上巴勒斯坦總統阿拉法特逝世兩週年的忌日，當地氣氛緊張，預期將有示威活動——誰知道還會有什麼事發生？

我們造訪座落於耶穌誕生地之上的古老教堂，然後穿越街道，走到馬槽廣場的和平中心。在那裡，我們圍著一張巨大的長方形桌子，與大約四十位來自非營利組織、宗教團體與政府部門的巴勒斯坦領導人開會，向他們介紹「亞伯拉罕之路」的計畫，聽聽他們的意見。這場會議在傳說中的亞伯拉罕埋葬之地召開，與會人員除了旅遊部長之外，還包括希伯崙的政府官員、巴勒斯坦的首席法官、伊布拉希米清真寺的伊瑪目。

我的同事伊萊亞斯以簡短的發言做為會議的開場白，然後輪到我介紹這項計畫。後來，我們開放發問，聆聽巴勒斯坦夥伴提出的建言，給彼此發言的機會，保留我們的答案，直到最後才公開。儘管有些人的評論很正面，但有些人猶豫不決，語多批評，還有些人充滿質疑，抱持敵意，甚至出言挑釁。

其中一位領袖表示：「這個想法不明確，含糊不清。醞釀這件事的全球談判計畫（Global Negotiation Project）是什麼？幕後策劃人是誰？這項計畫與國外的情報機構或政府有關嗎？」當他提到情報機構的問題時，外頭廣場正傳來槍聲，我感覺得到一陣膽顫心驚席捲整個房間。

另一位領袖開口說道：「我希望這項計畫的創始者呼應巴勒斯坦街頭情勢的脈動。過去的經驗讓我們害怕陰謀。誰會參與這件事？以色列在這件事又扮演什麼樣的角色？」接著另一位領袖說道：「多少巴勒斯坦人會踏上這段旅程？你們必須明確表態，在政治立場上支持巴勒斯坦。對我們來說，和平是生死交關的問題。」發言的人一個比一個態度更加強硬，房間裡的緊張情勢逐漸升高。經過兩小時的討論後，其中大半是嚴厲的批評，所有人回頭望向我們，而伊萊亞斯請我回覆這些問題。

我其實不太確定該說些什麼。當我們遭受抨擊時，我就開始捫心自問：「亞伯拉罕之路只是一個不切實際的夢想嗎？由一群天真的局外人催生，然後就像其他許多用意良善的計畫一樣注定失敗？」我感覺自己珍愛的夢想一碰上殘酷的現實，就漸漸消失。

不過，後來我前往陽台，觀察自己的思緒與情緒，再度向自己保證一切都會沒事，然後開始面對眼前的挑戰。大家提出這麼多質疑的問題，預設艱難的情況，畫出紅色警戒線。我要怎麼做，才能消除大家的質疑，讓這些大肆批評的人轉而支持我，同時又讓這個計畫保持政治中立呢？我明白，如果我試著針對他們提出的每項議題慎重回答，就會給人自我防衛的印象，這樣一來，只會讓他們的疑心加重。不論我說什麼，都不可能讓他們感到滿意。

我試著以全新的眼光看待這些疑神疑鬼的領袖，站在他們的立場思考。我聽到他們隱藏在質疑與批判背後的創傷，那是遭到排擠導致的傷害，可想而知，若置身於他們的處境下，勢必感受強烈。就我所知，唯一的療癒之道是接納。於是，我決定我唯一能做的就是站到與他們同一個陣線。

「我很感謝你們的意見。真正的朋友才會跟你說真話，即使不容易聽進去。」我告訴這群巴勒斯坦的領袖，「我了解你們是因為經歷過痛苦的遭遇，才會萌生這些疑慮。你們有這些問題與擔心是正常的。關鍵在於：你們提到我們是這項計畫的領導者，但我們不是這麼看待自己。沒錯，我們一直研究這條路徑在社會上與經濟上會帶來什麼樣的可能性。然而，只有當地的居民才是真正的領導者，而在這裡，領導者必須是巴勒斯坦人。我們可以研究各種可能性，鼎力支持，克服種種阻礙，但領導的角色終究屬於你們。而且這事不急，我們可以等待，直到你們告訴我們準備好了，告訴我們你們想做什麼。」

我沒有抗拒批評或為這項計畫辯護，而是接受他們的憂慮不安，邀請他們擔任領頭羊。當然，我已經事先評估過其中的風險，這項計畫搞不好就到此終結，不過，我覺得有必要冒這個險。

當場氣氛明顯轉變了。突然間，決定權到了他們手上。他們開始交頭接耳，討論該怎麼辦。其中一位領袖表示，對巴勒斯坦的人民來說，這是件好事。漸漸地，他們開始把這個點子據為己有，到最後，其中一位最嚴厲批評的領袖宣布，他對於發起這項計畫很樂觀。旅遊部長與伊瑪目則是真心充滿熱忱。

等到會議暫停，我們下樓共進晚餐時，每個人都放鬆了不少。從一開始咄咄逼人的對話，到後來整個情勢逆轉。就在那一瞬間，我們開始達成共識。用餐時，有位同事問我：「剛剛感覺就像四十支步槍對著我們掃射，你是怎麼避開那些子彈的？」真相是我並未試圖避開任何子彈。我只是以尊重回應拒絕，以接納回應排斥，或者，換句話說，我以認同回應否定。

在那場會議期間，亞伯拉罕之路終於問世了。我們原本以為西岸是最難打通亞伯拉罕之路的地方，結果，接下來幾年，卻成為當地居民擁有最大主導權、最多社區參與的地方，而且有最多旅人步行經過。自從那次首發旅行團走完全程之後，亞伯拉罕之路就成為一條文化步道，穿越中東許多國家，接納來自世界各地的上千名健行者。《國家地理旅行者》雜誌將這條路譽為世上最佳的全新步道。現在這條步道才剛開始啟用，但它保證會在這個充滿痛苦與絕望的地區，促進了解，繁榮地方，帶來希望。

一旦彼此的互動或關係困難重重，或許就不太容易改變態度，從敵意與拒絕變成尊重，尤其是當你感覺遭到攻擊的時候。不過，這麼做最終會帶來豐富的回報。藉著表示尊重，我們更可能獲得別人的尊重。藉著接受，我們更可能獲得接受。藉著接納，我們更可能受到接納。如果我們可以認同其他人的基本尊嚴，達成共識就變得更加輕而易舉，而我們在家庭、職場與世界上的關係就會變得更有成效，讓我們更滿意。

最後的挑戰依然存在於和自己達成共識的過程中：改變輸贏的心態，那種心態往往會讓我們無法達成互相滿意的解決之道。

POINT

- 代價最低的讓步就是尊重別人，這麼做可以用最少的付出換來最大的收穫。尊重別人，就是意味著給予對方正面的關注，以鄭重的態度待人，你希望別人如何待你，就以同樣的方式待人。
- 「想像自己站在別人的立場」這件事，可以讓自己發現：透過對方的眼睛，世界看起來會是什麼樣子呢？如果我是那個人，會有什麼感覺呢？如果我經歷過對方的人生，我會有什麼反應，採取什麼行動？將心比心是一種天賦，只是我們並沒有充分發揮這種能力。如果我真正理解對方，知道他或她想要什麼，自然就更容易達成共識。

- 面對拒絕時，要像柔道一樣，避免與對手正面交鋒，而是要巧妙側身，借力使力，將這股力道運用到尋求共利雙贏的方式上。這是種「心理學柔道」的形式。
- 想想在你的生命中，你是否有任何「敵人」？如果你能把他變成朋友，不就是藉由化敵為友來加以「摧毀」嗎？

“

第六章

願意付出，你會獲得更多

從互爭輸贏到三贏

「生命真正的喜悅，是讓自己發揮用處，追求心中認定的偉大目標……
我始終認為，我的生命屬於全人類。
在有生之年，我當竭盡所能為人服務，這是我的榮幸。」
——蕭伯納，《人與超人》——

”

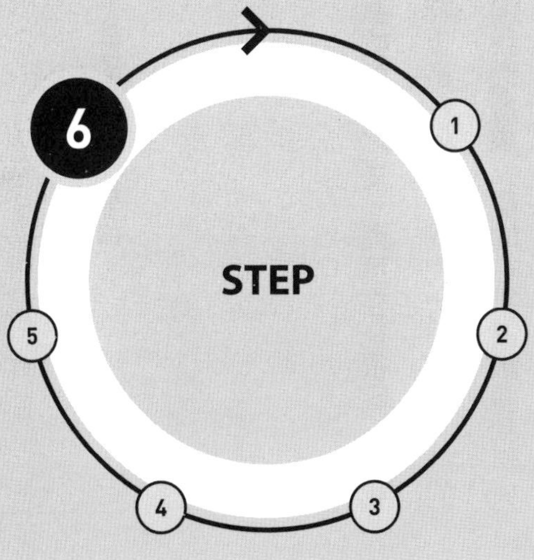

想要找到衝突的解決之道，進而創造三贏局面，關鍵在於改變遊戲規則，從索取變成付出。

所謂「索取」，是只為自己謀求好處；

所謂「付出」，則是為別人創造價值，不單單只為了自己。

在談判過程與人際關係中，想要尋求雙贏的解決之道，難度往往很高。我相信，與自己達成共識的過程，將讓我們（實際上是「促使」我們）追求更大膽的目標，而這種挑戰的難度也不遑多讓。它吸引我們追求三贏的結果，讓勝利不只是屬於我們，也屬於對方，甚至屬於更大的整體——家族、職場、國家，甚至全世界。

在離婚過程中，如果夫妻倆只顧著吵架，要如何滿足孩子的需求？當工會與管理階層之間出現紛爭，企業要如何保持財務健全，為所有員工及其家人提供好工作？當兩個種族發生衝突，要如何確保人民的安全？

若你想要找到適用於每個人的解決之道，進而創造三贏局面，關鍵在於改變遊戲規則，從索取變成付出。所謂「索取」，我指的是只為自己求索好處；反之，所謂「付出」，我指的是為別人創造價值，不單單只為了自己。如果「索取」基本上意味著拒絕別人，那麼「付出」就等於答應別人。付出，正是合作的核心。付出是一種行為，卻源自我們內心，是我們對待他人的基本態度。

我們大多數人只在特定的前提下，才願意採取付出的態度，比方說，我們願意對家人、朋友和親近的同事付出。但是，當我們面對的對象與自己沒那麼親近，或甚至可能與我們發生衝突時，要如何培養付出與合作的態度？那就是項挑戰。

我教導雙贏的談判方法已有多年，我一次又一次目睹人們學習互相合作的談判技巧，結果一旦在現實生活中面臨衝突，就又退回原點，開始爭個你輸我贏。隨著雙方的爭執愈演愈烈，情緒愈來愈激昂，最後勝出的往往是對匱乏的恐懼。我們都害怕，萬一與對方合作，眼前的資源將不足以滿足我們的需求，或是對方將會利用我們。

我們往往只把焦點放在為自己求索好處上，而非為他人與我們自己創造價值，尤其是在面對衝突時，這麼做更加誘人。儘管別人有時會相當難纏，但改變遊戲規則的機會就掌握在我們手中，只要我們願意，就能創造三贏。我們可以帶頭檢討自己，改變態度。

不論遇上什麼樣的挑戰，抱持付出的基本態度，對我們的談判與生活都有很大的好處。華頓商學院的教授亞當・格蘭特在他創新的著作《給予：華頓商學院最啟發人心的一堂課》中，呈現許多令人印象深刻的學術研究證據，顯示在人生中，最成功的人是「給予者」，而非「索取者」，這項發現或許出乎我們意料之外。當然，明智地付出與當心那些只索取的人，也相當重要，不然到頭來你只會害了自己。

不過，他針對付出帶來的實際利益所進行的研究，還是令人大開眼界。舉例來說，根據格蘭特進行的其中一項研究指出，一心想為顧客提供真誠服務的銷售人員，收入反而高過那些主要為了賺錢而提供服務的人。另一項研究顯示，捐愈多錢給慈善單位的人，往往愈快樂，而且平均來看，通常最後收入也會愈高。調查研究指出，付出之所以能發揮作用，部分原因是透過付出，提高了別人將會善待你的可能性。最終，付出成為通往個人滿足的途徑，包括內在與外在的滿足。

因此，當我們與別人相處時，要怎麼做才能加強付出的態度？值得注意的是，先前為了與自己達成共識而進行的所有步驟，正是為此做準備。如果我們打從內心感到滿足與從容，就更容易對周遭的人付出，即使他們很難纏。一旦我們最深的需求獲得滿足，就更容易滿足別人的需求。而且，當我們為別人付出尊重，在某種意義上，就等於採取了付出的態度。

不過，我們對於匱乏的恐懼依然強烈。為了培養付出的基本態度，我們可以基於自己的利益、喜悅與使命而付出，這麼做會有很大的幫助。換句話說，我們可以為了互利而付出、為了喜悅與意義而付出、為了自己誕生世間的使命而付出。

為了互利而付出

香港知名的億萬富翁李嘉誠出身窮困，卻躋身全球富豪行列。有一次，他接受雜誌訪問，記者問他事業成功的祕訣是什麼。他說，其中一個關鍵是他總是公平對待合夥人，事實上，他分給他們的獲利往往比自己多一些。每個人都想和他合作，而幫助他致富的正是這些合夥人。

我們若要加強付出的態度，第一步就是明白為別人創造價值，有助於具體滿足自身的需求。付出不代表犧牲自己的利益，我們不需要成為德蕾莎修女或甘地。付出也不代表屈服於對方的要求，或是成為輸家。在一開始，付出代表的意義只有尋求互利，在幫助自己的同時也幫助他人，而那正是雙贏談判的本質。

就我所知，最成功的談判者往往致力於滿足對方的利益與需求，同時也懂得照顧自身的需求。這麼做可以讓他們發現創造價值的途徑，為彼此把餅做大。比起那些只想著盡量為自己爭取利益，而不惜犧牲別人的人，前者最後通常會達成更好的協議。嚴謹可靠的研究結果，證實這個方法可行。荷蘭心理學家卡斯滕·德勒就曾帶領研究團隊，模擬談判過程，進行二十八項不同的研究，經過全面的分析，證明最成功的談判者是採取合作策略的人，他們專注於滿足雙方的需求。

在處理任何衝突或談判時，我們有四種可能的選項，取決於我們對自身利益與對方利益關切的程度。我們可以選擇強硬手段，和對方為敵，互爭輸贏，此時的我們只關心自己的利益。我們可以選擇柔聲和氣，願意通融讓步，此時的我們只關心對方的利益，忽略了自己。我們可以選擇逃避的策略，此時的我們完全避談重點，因此對雙方的利益都沒有表示太大的關心。或者，我們也可以選擇雙贏策略，此時的我們對雙方的利益都表示關切。

我不僅教導談判技巧，也為發生衝突的雙方提供建議，我大部分的工作都是協助人們設法從敵對的互爭輸贏方式，改成雙贏策略。人們往往費了一番苦功才明白，前述第一種方法的下場就是人人皆輸。儘管敵對的方式已經證實無效，而且代價高昂，但懷柔的通融策略通常下場也沒有比較好。如果我們為了取悅顧客而放棄一切，我們的事業或許撐不久，沒辦法長期服務顧客。如果我們在照顧年邁的父母時，無止盡地犧牲，累壞了自己，或許就會筋疲力竭，再也無能為力。至於第三種策略「逃避」，也有隱藏的陷阱：如果沒人針對衝突提出討論，情況往往會惡化。最後，為彼此創造價值，通常會帶來最好也最持久的協議與關係。

亞當・格蘭特在他的書中引述了德瑞克・蘇仁森的例子。他是一位頂尖的運動選手，後來轉型為談判專家，為首屈一指的運動團隊效命，負責與新選手協商合約。

有一次，他準備簽下一位前景相當看好的年輕選手，於是和對方的經紀人談判。蘇仁森壓低價碼，採取互爭輸贏的策略，表現出一副「索取者」的姿態。經紀人一再表示失望，指出現在同等級的選手都得到更高的待遇，但是，蘇仁森不肯讓步。最後經紀人屈服了。即使這是選手與經紀人的損失，蘇仁森似乎贏了，成功為他的團隊省下數千美金。

但是，那天夜裡，蘇仁森回到家，心裡有股不安的感覺。「從對話中，我聽得出來他（經紀人）相當沮喪。他提到幾個點，好像與同等級的選手有關，不過我那時候正在熱頭上，可能也聽不太進去。後來他不愉快地離開。」蘇仁森意識到，他採取的互爭輸贏手段，可能會對雙方的關係與他自己的名聲造成不好的影響。於是，他回頭找那位經紀人，滿足對方原本的要求，多加了數千美金給那位選手。據他的看法，他正在建立友好關係。「那個經紀人感激不盡。後來那位選手成為自由選手，他的經紀人還打電話給我。現在回顧過去，我真的很高興當時那麼做。那絕對改善了我的人際關係，而且對我的組織也有幫助。」

當我們開始體會到為了互利而付出對我們會有多大的幫助，一如蘇仁森的領悟，我們就會像他一樣，擁有足夠的動機，願意放棄索取的態度，轉而付出。而當付出的好處遠遠超過自私帶來的物質利益時，也會有幫助。

施與受的善循環：為了喜悅與意義而付出

我教授談判技巧時，通常會引用一則古老的伊索寓言：北風與太陽的故事。有一天，北風與太陽爭論誰的力量比較強大。單靠爭辯無法解決分歧，於是他們決定測試一下。他們從高高的天上俯瞰大地，發現有個牧羊的小孩經過。於是決定，誰能讓小男孩把肩上的斗篷脫下來，就代表誰的力量最強大。

北風第一個上場。他吹啊吹啊，用盡全力使勁地吹，試著扯掉男孩的斗篷。可是，他愈是用力吹，男孩就把斗篷裹得愈緊，不肯放手。過了好一陣子，北風終於停下來喘口氣。然後，輪到太陽出馬。太陽就跟平常一樣綻放光芒，讓小男孩沐浴在它的溫暖中。小男孩愛極了，終於自言自語說：「天氣多好啊！我想在這片茂密的草地躺下來休息一會兒，好好享受陽光。」他準備躺下的時候，順手脫下斗篷，鋪在草地上，當成毯子用。因此，這場與北風的爭論是太陽贏了。

我發現這則古老的寓言可以教導我們許多課題，讓我們學會付出的價值。如果說北風的態度是索取，太陽的態度就是付出。太陽的天性就是發光。不論面對的是有錢人或窮人、善良的人或卑鄙的人，太陽都無私地照耀在每個人身上。太陽自然而然就採取三贏的方式。而正如寓言所示，比起北風的手段，太陽的方式力量更強大，更讓人滿足。

發掘付出帶來的純粹喜悅，有助於培養付出的態度。大致上就像太陽之所以發光，是因為太陽原本就會那麼做，不是因為期待回報而那麼做。我們也可以發掘源自付出本身的喜悅，想都不想會獲得什麼立即而直接的具體回報。或許矛盾的是，單純為了付出的喜悅而付出，最終反而可以帶給我們最大的滿足。

我永遠忘不了，我曾經從一個五歲的小女孩身上，學到生命的課題。她名叫海莉，是我好朋友的孫女，罹患了白血病，而且病情嚴重。麗莎帶當時三歲的蓋布莉去兒童醫院看病，她那時已經看了無數次醫生，結束之後，她們就去探訪海莉。她們發現海莉非常不舒服，她的臉浮腫到幾乎認不出來，頭髮都掉光了，面無血色，虛弱地躺在病床上。海莉一看見蓋布莉，就轉向她媽媽，在她耳邊說悄悄話。她媽媽隨即離開了一會兒，原來她下樓去醫院的禮品店，買了一個大大的字母G填充玩偶給蓋布莉。

當時不只是蓋布莉笑逐顏開，海莉也喜形於色。她早就知道讓另一個孩子笑出來，會帶給她喜悅。即使她的病情嚴重，可能不久於人世，她還是能夠體會為了付出而付出的喜悅。

一旦發現付出的喜悅，我們就只會因為受到感動，想要付出而付出。在付出的第一階段，我們或許只為了別人的回報而付出。我們或許把人際關係視為商業交易對待。然而，在付出的第二階段，我們只是付出，從未期待任何直接而具體的回報。

雪莉安是亞當・格蘭特的受訪對象，在公司擔任經理，每週都會花許多時間指導資淺的同事，負責帶領一項女性領導力計畫，並監督一項慈善募款計畫。她說：「我這個人的天性就是樂於付出。我並不是追求回報；我只是想要改變現況，發揮影響力，而且我關注的是哪些人可以從我的幫助中獲益最大。」

一旦我們發現自己付出的動機在於意義與喜悅，就會付出更多，感覺也會更良好。而當我們感覺更良好，就更願意付出。當然，我們必須確保自己的需求也得到照顧，否則到頭來只會覺得自己被利用，感到沮喪失望。即使是為了喜悅與意義而付出，我們還是必須劃清一些界限。

為了付出的喜悅而付出，與出於義務而付出完全不同。當我們覺得自己有義務付出時，很少會感到喜悅，而且最後往往會感覺不快樂。史考特・亨利森就是個例子。

從小史考特生長的家庭就教導他要無私付出，但他從來都沒有選擇的機會。就像我們許多人一樣，他戴上利他主義的面具，希望得到父母與教會社群的認可。但是到了二十幾歲的時候，他覺得這一切都是偽善，於是開始反抗，摘下面具。他只顧著取悅自己，對別人稍微關心或毫不關心，以宣傳紐約市的夜店與時尚活動為生。

當他滿二十八歲時，他擁有所有成功與快樂的外在條件：大把金錢、一支勞力士錶、一輛租來的ＢＭＷ轎車、一位模特兒女友。然後，有一年除夕，他在烏拉圭的埃斯特角城租了一間豪宅，不僅配有馬匹與傭人，還有價值一千美金的十分鐘煙火秀，結果，他突然感到當頭棒喝。

「我真的看見自己變成什麼模樣。這十年來，我在這股漸漸燃燒的怒火中，與我曾經重視的每一件事漸行漸遠……。我的情感破產，靈性破產，道德破產。我環顧四周，也沒有人覺得快樂。這就好像撥開迷霧，揭露真相。女人永遠玩不夠，錢永遠不夠多，地位永遠不夠高。」

史考特的危機引發了一段熱烈的捫心自問與尋找靈魂的歷程。他問了自己幾個強而有力且令人不安的問題：「如果反其道而行，我的人生會是什麼樣子？要是我真的服務別人呢？」自從經歷過虛假的偽善，如今他只對真實有興趣。

經過幾個月獨處，深刻地探索、解讀自己的心靈之後，史考特決定前往西非，到醫療船上擔任攝影記者。他在那裡服務了兩年，期間親眼目睹了種種不幸與勇氣，深受感動與啟發，於是他回到家鄉，成立了非營利組織「水慈善」（Charity: Water）。他透過這個組織籌募資金，為全世界成千上萬的窮人開鑿水井，提供乾淨的水。如今，他內心深處對於意義的需求已經獲得滿足。

我曾經與他相處過一段時間，可以為他的活力與熱忱作證。當他看著自己協助出資的水井湧出乾淨的飲水，而人們一口飲下時，他說自己真想大喊：「我真了不起！」

消費導向的社會讓我們誤以為擁有「東西」，包括物質、權力與成功，會帶給我們內在的快樂。但史考特的故事證明，不論我們得到多少，永遠都會覺得不夠。如果我們只是滿足自己的需求，就永遠不會知足。

相反地，出於自由意志的真心付出，之所以能讓我們長久保持內在滿足，正是因為這麼做滿足了我們最深的需求，而我們心中最渴望的莫過於覺得自己有用處，與別人有所連結；因為這麼做讓我們改變別人的世界；因為這麼做讓我們感覺很好。透過付出，我們反而得到最想要的東西。一旦我們發現為了喜悅與意義而付出的道理，付出與接受的善循環就此展開。

不過，我們不能以接受做為付出的目標。我們付出，只因為這就是我們的本質，也是我們想做的事。正如史考特的故事所示，當我們以這樣的方式付出，就能創造贏局，贏家不只是我們與別人，還包括更大的整體。

為了自己誕生世間的使命而付出

當我們想要加強自己付出的態度，或許最能持之以恆的方式，是找到一個使命或活動，讓我們自然而然就想付出。就像健身一樣，在培養付出的態度時，練習會很有幫助。透過使命，付出就可以深植在我們的生命紋理中。

所謂「使命」，指的是下面這些問題的答案：我們為了什麼每天早上起床？是什麼讓我們感到興奮？什麼會讓我們靈思泉湧？對有些人來說，使命可能是養家活口，照顧家人；對其他人來說，使命可能是玩音樂或藝術創作。對有些人來說，使命可能是打造前所未有的建築；對其他人來說，使命可能是照料花園。對有些人來說，使命可能是為顧客服務或指導年輕同事；而對其他人來說，使命可能是幫助正在受苦的人。

如果我們可以找到讓自己充滿活力的使命，那不只是讓我們內在滿足的泉源，也讓我們有很好的理由對身邊的人付出，並加強自身內在的「給予者」特質。

在本書中，我分享了女兒面臨醫療挑戰的故事。正如我此刻要下的結論，有件不尋常的事發生在她身上，證明了尋找使命確實有好處。

有天早上，蓋布莉對我和麗莎宣布，她想要打破金氏世界紀錄來慶祝十六歲生日，而她的生日就在四個月後。這是她長久以來的夢想，幾年前，她就嘗試過最長的跳格子項目，然後是在一隻腳上穿最多襪子。這一次，她說，她想要挑戰的項目是維持最久的平板支撐，這是一種訓練核心肌群的健身運動，你必須趴下，用手臂與腳趾撐起自己，讓身體與地板平行，維持挺直的姿勢。

正如我之前提過的，蓋布莉一出生就生病了，從出生到現在經歷了十四次重大手術，開刀部位包括她的脊椎、脊髓、內臟器官和雙腳。幾個月前，她試著加入學校的排球隊，教練要求她在其他女孩跑步時做平板支撐，因為她不太能跑步。結果讓教練大吃一驚，他發現過了十二分鐘，當其他女孩都跑回來時，蓋布莉依然維持平板支撐的姿勢。蓋布莉看到教練訝異的神情，腦子裡立刻浮現一個念頭：「嗚呼！金氏世界紀錄！」她寫信給金氏世界紀錄的主辦單位，得知女性的正式紀錄是四十分鐘。然後，她等了兩個月，在接受另一項重大手術之後，才展開她的訓練。

麗莎和我得知蓋布莉的計畫後非常驚訝，不過，其實也不是真的那麼驚訝。畢竟，她雖然遭遇那麼多不幸，但我們從未見到她自怨自艾。她不曾讓自己淪為無能為力的受害者。看著她的活力與對生命的熱情，她把握每一天為自己尋找樂趣的能力，我們總是感到驚奇。她每次手術後都能重拾生活，始終認為生命基本上站在她那一邊，這種能力一直讓我們驚歎不已。她似乎天生就懂得活在當下，從不把時間浪費在後悔過去、擔憂未來。整個童年時期，蓋布莉內心從未失去對自己的認同，始終認為生命是如此豐富精彩。

麗莎和我支持蓋布莉，鼓勵她追求夢想。為了打破紀錄，蓋布莉進行了好幾個禮拜的訓練。她在非正式的嘗試中，從二十分鐘到二十五分鐘，再到三十分鐘，有一次，她因為媽媽提出的問題而分神中斷，當時時間剛超過四十分鐘。蓋布莉在一次訪談中分享她的想法：

「原本我以為我是為了自己打破紀錄，因為我一直很想做這件事。但是，我的腦海中突然閃過一個念頭，我可以為了慈善做這件事。我真的很喜歡這個點子，尤其是當我想到我可以為兒童醫院這麼做。在他們的幫助下，我不只能走能跑，還能做一些不平凡的事。我想要幫助他們，讓其他像我一樣的孩子擁有更好的生命經歷。我想要藉由募款，喚起大家的關注，這樣一來，平板支撐就不僅僅只是一項紀錄而已。」

就這樣，很自然地，蓋布莉從原本只為自己付出的目的，延伸到也為其他人付出。

然後，在預定挑戰的前一週，蓋布莉收到現任世界紀錄保持人伊娃・布洛米（Eva Bulzomi）的e-mail，她提醒蓋布莉，她剛用難以置信的時間打破了自己原先的二十五分鐘紀錄：她的最新紀錄是一小時五分鐘十八秒。雖然尚未獲得金氏世界紀錄認證，但正在進行中。

麗莎問蓋布莉：「哇！妳對這件事有什麼感覺？」

「這的確讓難度變高了一點。」蓋布莉低調地回應。但她不為所動，依舊堅定不移。

終於，重要的日子到來了。蓋布莉的親朋好友全都聚在一起，見證她嘗試挑戰金氏世界紀錄的時刻。她保持平板支撐的姿勢長達三十五分鐘，達到她設定的一半目標之後，她遇到瓶頸，身體開始不舒服，手臂的疼痛讓她忍不住哭了起來，淚水一滴滴落在墊子上。為了讓她從疼痛中分心，蓋布莉的朋友開始唱歌，逗她開心。隨著時間一分一秒過去，朋友和家人開始為她加油打氣，趴在地板上，陪她一起做平板支撐。最後，時間走到一小時二十分鐘時，蓋布莉停下來了。她創下的紀錄是現今世界紀錄的兩倍。當我小心翼翼地協助她放開平板支撐的姿勢時，一方面鬆了一口氣，一方面也十分讚佩。

一週後，蓋布莉上了電視。在《早安美國》的節目上，來自《金氏世界紀錄大全》的代表正式頒獎給她。當她打破紀錄的影片在超過一百五十個國家播放時，相關新聞透過社交媒體傳遍全世界。她不只鼓舞了上千人挑戰自己的極限，把他們原先認定的弱點化為力量，而且，她為科羅拉多兒童醫院募到五萬八千美金，超過她原先設定的目標十一倍。

蓋布莉在追求她渴望的目標上創下非凡的成就，同時也利人，其中許多受益的人，我們永遠也不會認識。起初，她開始進行平板支撐的計畫，出發點不是為了對別人付出，但最終這卻成為她的目的。她學著體會付出與接受的喜悅。正如蓋布莉的領悟，若想要加強付出的態度，最有效的方法莫過於出於使命的付出。

不過，當我們出於使命感而付出時，我們的使命不見得一定要很偉大。我想到我的朋友寶拉，她學的是法律，後來也成為律師。她功成名就，卻不快樂。然後，她想起來小時候她最愛混合潤絲精，把她自創的乳液擦在狗狗身上。起初，這似乎只是她隨意想起的往事，後來卻成為靈感，激發出她的創業點子。

當時，她曾幻想自己成為藥劑師，調配出解救人類的藥劑。因此，她鼓起勇氣，告別律師的工作，拿出積蓄創業，專門製造自然有機的肥皂。這個新工作或許不符合她想像中的「成功」事業，卻帶給她快樂，因為她發現如何透過做自己真心喜愛的事，對世界有所貢獻。

我們的禮物或許看似微不足道，卻往往大大影響了別人的生命：幫有事外出的朋友照顧小孩，在鄰居進行棘手的房屋修繕時提供協助，在同事生病時以加倍努力工作的方式幫忙分擔，或在街上對陌生人表示善意。這份禮物表面上看起來是否偉大並不重要，重要的是我們願意敞開心胸付出。

或許，最大的阻礙是恐懼，因此我們才無法奉上我們的禮物，問題出在我們的自大，而非我們的渺小。我們不是害怕自己能力有限，而是畏懼自己的天賦才能。人本主義心理學家馬斯洛用「約拿情結」這個詞來形容阻礙我們發揮天賦、實現使命的恐懼。

在《聖經》裡，約拿想盡辦法背離他的天命，當時耶和華召喚他前往尼尼微大城，警告當地的人遠離殘暴的惡道，否則必將遭到毀滅。約拿一聽到神的召喚，立刻頭也不回地往反方向走。他搭船橫渡海洋時，神吹起狂風暴雨，船上所有人的生命都受到威脅。約拿明白這一切的責任都在於他，於是要船員把他丟下船，瞬間就風平浪靜了。約拿最後被鯨魚吞下肚，當他幡然悔悟原來他是錯在抗拒自己的天命，鯨魚就把他吐在陸地上。約拿遂前往尼尼微大城，及時發出警告，當地的人改過自新，逃過一劫。

這則古老的故事寓含許多智慧：當我們有機會發揮天賦，為世界奉上屬於我們的禮物時，我們往往像約拿一樣背道而馳。我們埋沒才能，掩蓋自己的光芒。唯有面臨逆境，我們才會醒悟——只有為了我們誕生世間的使命而付出，才能實現我們的天命，換句話說，我們必須綻放光芒，照耀別人。

在我推動「亞伯拉罕之路」計畫的期間，我有幸研讀關於亞伯拉罕的古老故事。在《聖經》裡，亞伯拉罕聽到神的召喚，要他離開自己的國家與他父親的房子，前往一個將顯示他本性的地方。亞伯拉罕與約拿完全相反，他立刻聽從神的召喚，啟程追隨他的天命。古代的聖賢哲人曾討論過為何在所有人當中，只有亞伯拉罕獲選，接收到神的召喚。是什麼讓他特別有資格？他們的結論是，其實每個人都接收到神的召喚，唯一的差別是亞伯拉罕聽從了召喚。

亞伯拉罕的禮物是教導世人殷勤待人，非常簡單，卻力量強大。身為異鄉人的他，接受別人殷勤款待，同樣也付出善意待人。據說，為了接待訪客，他的帳篷永遠向四方敞開。亞伯拉罕發現，他內在蘊藏的禮物，就是對陌生人表示善意。他學會讓自己綻放光芒，照耀在別人身上。

我發現，或許我們每個人都有點像亞伯拉罕，均受到召喚，要我們踏上邁向未知的旅程。上天賦予每個人一份特定的禮物，讓我們可以贈送給別人；我們內在都有上天賜予的光芒。至於要不要擦亮向外眺望的窗戶，讓我們的光芒為別人而閃耀，則完全取決於自己。

從互爭輸贏到三贏

在本書前面的章節，我曾以朋友兼客戶阿比里奧的例子，說明一個人陷入輸贏之爭，看不見出路的情況。現在，我想敘述這場紛爭後來如何收場。

他與前合夥人的鬥爭持續了整整兩年半，他們控告對方，在媒體上互相攻擊，阻礙對方幫助公司成長的計畫，他們試圖從對方身上奪走想要的一切，結果。雙方都沒有得到自己真心想要的東西。

當我和同事大衛與對方的談判代表碰面時，試圖改變這種互動方式，把重點放在彼此有能力給予對方什麼，而非列出一張充滿威脅的清單給對方。在衝突的立場背後，自由與尊嚴是阿比里奧和他的合夥人共同關心的事。雙方都有能力提供對方想要的自由，讓對方可以去經營其他生意，追求自己的生活。而且，他們也都可以給予彼此雙方都十分在乎的尊重。我們提議以雙方共同在意的自由與尊嚴為基礎，研擬出一份協議，這將會是創造雙贏的協議，儘管一開始雙方都還難以想像。

我們討論如何讓這樣的協議具體成形。阿比里奧的合夥人可以取消長達三年的競業禁止條款，讓他自由進行其他生意。做為回報，阿比里奧將同意離開董事會，讓他的合夥人可以照自己的意思自由經營公司。合夥人可以把阿比里奧持有的股份，從有表決權股票轉成無表決權股票，這樣一來，阿比里奧就可以自由出售股票。雙方可以發出一份共同署名的媒體聲明，公開祝福彼此。諸如此類。簡而言之，這場較勁可以從輸贏之爭轉變成雙贏局面。

當然，其中困難重重，還牽涉到許多複雜的法律問題，不過，僅僅將彼此的互動從奪取改成付出，就讓一切大不相同。經過四天密集的討論，雙方終於達成共識，為這場痛苦的商業鬥爭劃下句點。阿比里奧溫和有禮地向公司的管理階層告別，並且另外對全公司的職員致詞，祝福所有人，言談間對他的前合夥人語多尊敬。他的合夥人把一間重要的運動培訓中心交給阿比里奧，這間中心隸屬於公司旗下，一直是阿比里奧熱愛的事業。

真正令所有相關人士訝異的是，阿比里奧與合夥人後來都相當滿意，儘管他的合夥人至今仍是他最大的對手。這不是還算可以接受、勉強同意的妥協，而是最佳的解決之道，讓彼此都對結果感到無與倫比的滿足與寬慰。

一開始談判時，我們就將重點放在他們可以付出什麼，而非奪取什麼，這麼做導致真正雙贏的結果。事實上，這已經超越雙贏策略，更晉階為三贏的解決之道了。獲益的不只是雙方及其家人，還有公司與員工，甚至是整個社會。

對阿比里奧來說，這個過程並不容易。就像我們大多數人一樣，他剛開始表現出來的樣子正是自己最糟的敵人。但是，他努力讓自己化敵為友。儘管強烈想要反射性地攻擊，他還是盡力「走到陽台」，只是不見得每次都成功。他時常嚴厲批判自己，但他也盡最大的努力，在別人的幫助下，站在自己的立場思考，發掘內心真正的需求。儘管他偶爾會怪罪對方，最終他總是會想起來，只有他能為自己的人生負責。

有時，阿比里奧會受到匱乏的恐懼折磨，但是他會重新建構自己的人生藍圖，回想起他其實有能力創造自己的快樂。不論何時受困於過去，他都有能力回到當下，看看自己可以怎麼做。身為真正的鬥士，他擺出陣仗，準備對決，但他記得何時必須向對手表示尊重。對阿比里奧來說，他最後必須克服的阻礙是你輸我贏的心態，而他藉由改變態度，從索取變成付出，成功克服這個阻礙。

就像每個人一樣，在與自己達成共識的過程中，阿比里奧並不完美，但他努力自制，跳脫自己的框架，這就足以讓他如願以償，成功與對方就大局達成共識。他告訴我：「我終於找回自己的生活。這是我生命中最美好的時光。」

在這六大步驟中，任何一個步驟都可以協助我們，將互爭輸贏的心態轉變成三贏的心態。最高的境界是改變我們對別人的基本心態，從索取變成付出。剛開始，我們或許是為了獲得回報而付出；然後，我們學習在沒有直接獲得回報的情況下付出；最終，我們學習為了實現自己的使命而付出。當我們改變自己預設的基本模式，凡事以付出為先，我們不只能夠與自己達成共識，體驗內在的滿足，而且將會發現自己更容易與別人達成共識，創造外在成功。付出與接受的循環就此展開，永無止盡。

POINT

- 「施比受更有福」。付出之所以能發揮作用，部分原因是透過付出，提高了別人將會善待你的可能性。最終，付出成為通往個人滿足的途徑，包括內在與外在的滿足。
- 發掘付出帶來的純粹喜悅，完全不預想會獲得什麼立即而直接的具體回報，如此將有助於培養付出的態度。單純為了付出的喜悅而付出，最終反而可以帶給我們最大的滿足。
- 我們每個人內在都有上天賜予的光芒。至於要不要擦亮向外眺望的窗戶，讓我們的光芒為別人而閃耀，則完全取決於自己。

結論

三贏哲學，
讓每個人都是贏家

「在我的想像中，接受是唯一充滿生命的事。」
——美國詩人．康明斯——

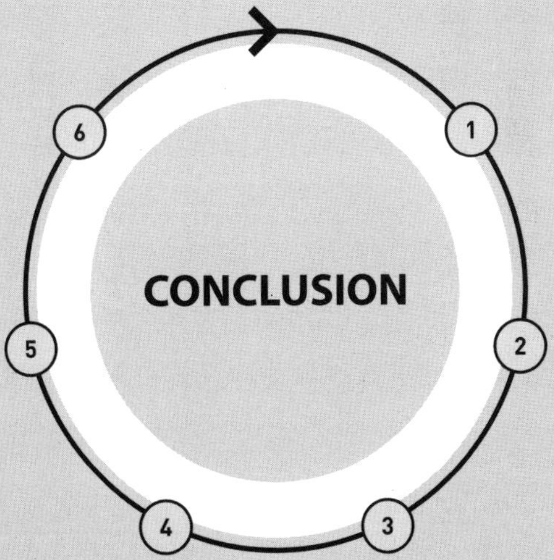

如果三十五年前有人告訴我，決定世界和平的關鍵是內心的平靜，
我可能會覺得他太理想化，不切實際，
我比較想做些更實際的事，把重點放在談判的策略上。
現在我終於領悟，唯有做足必要的內心功課時，才可能實現持久的世界和平。

這本書一開始就以一個問題揭示人類共通的兩難困境：我們如何能在得到真心想要的東西時，也兼顧生命中其他人的需求與他們在乎的事？

這本書的基本假設是，我們愈有能力與自己達成共識，就愈能與別人達成共識。或許，影響我們人際關係與談判結果最大的因素，莫過於我們內在對自

己、對生命與對別人的態度。我們一生中可以做的最大改變，就是將心態從否定轉為肯定。

在我們的人生中，鮮少事情是自己能夠完全掌控的，但是，我們隨時都可以選擇當下的心態。我們可以選擇肯定或否定自己——成為自己最佳的盟友或最糟的敵人。我們可以選擇接受或抗拒生命——將生命視為朋友或敵人。我們可以選擇接受或拒絕別人——選擇與他們建立關係，保留合作的可能性；或是成為不共戴天的仇人。我們的選擇將讓一切大不相同。

只要你能與自己達成共識，就有可能創造內在的勝利、雙方合作共贏，以及獲取整體大局的勝利的三贏局面。

獲得內在的勝利

每天早上當我看著鏡子時，我喜歡提醒自己，眼前這個人可能會帶給我最糟糕的一天，他可能成為我的敵人，變成我最大的阻礙，讓我無法得到真心想要的東西。但我發現我可以在心中重溫以下六項創造內在認同的步驟，即使只有短短幾分鐘，但真的很有用，可以讓我準備好迎接任何挑戰。

我喜歡針對每個步驟問自己一些問題，這個過程能幫助我跳脫自己的框架，希望對你也會有幫助：

1. 了解內在的感受。

在工作時，你會察覺到內心的自我批判嗎？你能不能不帶任何批判，單純地觀察自己的思緒與情緒？情緒傳達出你的內在需求是什麼？真正需要的又是什麼？

2. 構思最佳替代方案。

如果你的需求沒有得到滿足，會不會怪罪別人或歸咎到其他事上？這種怨天尤人的行為會帶給你什麼好處，又會讓你付出什麼代價？你能不能答應自己，不論發生什麼事，都要照顧自己最深的需求？

3. 換個角度看待人生。

你覺得你的人生好像以某種方式在跟你唱反調嗎？今天你會如何讓自己快樂？即使生活充滿挑戰，你能不能選擇接受現況？

4. 活在當下。

你對過去心懷怨懟，或對未來焦慮不安嗎？要怎麼做，才能放下這些情緒，接受現況？要怎麼做，才能讓你只要踏出小小一步，就可以停留在心流狀態，發揮最大的潛能？

5. 無論如何都要尊重對方。

你對任何人都抱有敵意嗎？如果站在他們的立場思考，會是什麼感覺？即使他們並未對你表示尊重，你還是可以尊重他們嗎？

6. 聰明付出，收穫更多。

不論面臨什麼處境，你都會產生匱乏的恐懼感嗎？你要怎麼做，才能將遊戲規則從索取變成付出，從互爭輸贏變成三贏？

每一個步驟都需克服一項特定的阻礙，才能讓我們得到生命中最想要的一切；每完成每一個步驟，也將使下一個步驟更容易完成。這些步驟可能看起來很簡單，但沒有一個步驟能輕易做到，尤其是當我們每天都會面臨的衝突發生時，更是困難。確實，對任何人而言，為了達到內在認同而做的努力，是最艱鉅的工作之一，而且因為這是個無形的境界，難度就更高了。

上述的這些方法都很有價值，但若缺乏持續的練習，就無法發揮太大的作用，而且也沒有人可以代替你實踐這些方法。就像做任何運動一樣，雖然你永遠無法達到完美境界，但你將會逐漸進步。我喜歡將每個步驟假想為肌肉，愈鍛鍊就會愈強壯。每塊肌肉各自使勁時力量強大，六塊肌肉合力也同樣力量強大，因此，同時鍛鍊六塊肌肉，可以讓你朝渴望的目標邁進。

至於你實際上如何完成自我認同的過程，則是看個人喜好。比方說，你會用自己喜歡的方式離開現場，「走到陽台」。有些人喜歡獨自在公園散步，也有人喜歡和懂得傾聽的好朋友一起去喝杯咖啡。我鼓勵你可以根據自己的需求調整做法，如此，這些方法就能發揮最大的效果。

我發現，從否定自己到肯定自己的旅程，並非走過一次就結束了，它將持續一輩子。我已經踏上這趟旅程很久了，只要我活著，應該就會一直在路上。對我來說，學無止境。

我愈來愈明白一個道理：最大的肯定莫過於自我肯定，最大的勝利莫過於內在的勝利。自我肯定讓我們愈來愈平靜，心滿意足，深深地感覺到稱心如意與從容自在。如果這是唯一的好處，對我們來說那也已經足夠了，但我們所獲得的會遠比此多更多。

雙方合作共贏

下一階段的勝利是雙方合作共贏，包括與我們的同事與客戶、配偶與孩子，甚至是與談判的對手，達到雙贏的互利。

一旦我們與自己達成共識，與別人達成共識就相對容易許多，雖然有時候也會很困難。倘若我們想要成功談判，有些條件不可或缺，在這六大步驟中，每一項步驟都將協助我們補足自己欠缺的必要條件。例如，「感受自己的感覺」能幫助你設身處地為人著想；「思考最佳替代方案」能幫助你在實際談判時最好的B計畫；「換個角度看人生」則能幫助你重新建立人際關係……等。

當我們面臨棘手的對話或艱困的談判時，總忍不住想要反射性回應。如果你有時間準備的話，可以將這六大步驟先從頭到尾演練一次。如果時間匆促，準備不及，只要你之前一直有持續練習的習慣，還是可以利用自我認同的方法，保持冷靜，神色自若。

爭取整體大局的勝利

三十幾年前，我很榮幸與羅傑・費雪共同撰寫《哈佛這樣教談判力》，我們的目標是幫助人們在處理工作上、家庭裡、團體中的分歧時，捨棄敵對的手段，改採合作的方式。但我們的夢想更遠大，我們還希望能幫助全世界邁向和平。我們都關心人類，在這個具有大規模毀滅力的時代，人類的命運最終仰賴我們以合作的方式化解爭執。

雖然如今我們的世界充滿匱乏、不公平與暴力衝突，但多虧不斷創新的科技，世上的資源足以滿足每個人的需求。我們知道如何終止飢餓，如何預防戰爭，如何使用不會產生汙染的潔淨能源（clean energy）來拯救環境。但主要的阻礙是來自我們自己，問題出在我們很難互相合作。為了替自己與下一代建立更美好、更安全與更健全的世界，我們必須發揮創意，建設性地處理彼此之間的分歧。

而基本的第一步就是自我認同，藉此能擁有更寬宏大量的觀點，而這一點對我們周遭的每個人都有益，這不只能讓我們與別人一起獲勝，還可以為更大的整體創造三贏局面。我們內在的努力啟發我們想像另一個世界，在那裡，每個人都很重要，因此我們為了實現那個世界而努力。

近年來，或許沒有人比曼德拉更能證明這種全新的可能性了。在他入獄二十七年的漫長時間裡，他開始自我覺察，聆聽自己的心聲：「我學會了解自己，並養成時時洞悉自己內心的習慣。」這是他汲取的教訓。

曼德拉避免落入指責別人的陷阱裡，並對自己的人生、自己的需求，與他和敵人之間的關係，負起完全的責任。他大膽無畏地重新建構自己的人生，儘管所有證據都顯示他孤立無援，但他仍相信命運站在他這一邊。他放下舊恨與委屈，原諒敵人。

當曼德拉終於可以出獄時，他已擁有蘊含著尊重與接納的不凡靈魂。在他想像中的新南非，所有的種族都受歡迎，四海之內皆兄弟。他汲取源自內在的滿足，大方地自我奉獻。結果，他廢除萬惡的種族隔離政策，為南非引進全新的民主制度，最終帶領國家邁向三贏的局面，達成人人都受益的協議。

幸而，大多數人不會像曼德拉一樣面臨這麼重大的挑戰，但是，我們可以從他身上獲得啟發，在日常生活中運用同樣的基本原則。一旦選擇以接受的態度看待自己、人生與別人，就可以改變基本的遊戲規則，捨棄互爭輸贏的手段，改採三贏的方法。

回想我的工作生涯，大多奉獻在試圖預防和阻止戰爭上，世界和平就是我的熱情所在。如果三十五年前，有人告訴我，決定世界和平的關鍵是內心的平靜，我可能會覺得他太理想化，不切實際，我比較想做些更實際的事，把重點放在談判的策略上。現在我終於領悟，或許我才是那個不切實際的人，居然當我們還未做足必要的內心功課時，還妄想可以實現持久的世界和平。

贏得人生遊戲

我誠摯希望，自我認同不只讓你更能與別人有效地談判，而且也能協助你創造內在的滿足，你的人生將更美好，人際關係也會更健全。我希望，一旦你的心態從否定轉向肯定，將有助於你贏得世上最重要的遊戲，那就是你的人生。

不論你遭遇多大的挑戰，終將擁有平和寧靜的心境，讓你可以把和平帶進家庭、職場，乃至範圍更大的全世界。

我預祝你能獲得更大的成功，並創造更多和平。

致謝

這本書是從一個讀者開始，那就是我自己。最初是七年前，我開始透過寫筆記，幫助自己學習如何更有效地與自己達成共識。剛開始，這是一個非常個人的計畫，當時不只是我的人生面臨挑戰，我身邊的人也一樣，我覺得自己迫切需要更深入探究內在的自我。我本來就對建立架構十分著迷，於是便開始草擬一個簡單的架構，好幫助我自己記憶。只是到後來，我把逐漸成形的筆記拿給家人和朋友看，我想，或許這份筆記對其他人也有用處。

有了朋友的鼓勵，整個過程變得容易許多。我衷心地感謝克特・曼福瑞・穆勒（Curt Manfred Mueller），他早在我提筆之前，就相信這本書；感謝大衛・傅利曼（David Friedman）與羅伯特・蓋斯（Robert Gass），我剛開始提筆時，在我們多次的散步過程中，他們給了我充滿洞見的回饋意見與熱忱的支持；感謝大衛・鮑爾（David Baum）、佛朗西斯科・狄亞茲、派屈克・芬納帝（Patrick Finerty）、馬克・葛容（Mark Gerzon）、瑪果・金恩（Margo King）、大衛・萊克斯、哈米爾・馬瓦德、羅納德・穆勒（Ronald Mueller）、賽門・西奈克（Simon Sinek）、蓋瑞・斯拉金（Gary Slutkin）與約翰・史坦納（John Steiner），他們充滿鼓勵的評論幫助我堅持下去；感謝唐娜・萊納（Donna Zerner）對最初的草稿提出大量的編輯建議。

尋找傳遞正確訊息的故事，從來都不是輕而易舉的事。我要感謝羅伯特・查普曼、朱蒂絲・安薩拉・蓋斯（Judith Ansara Gass）、亞當・格蘭特、史考特・亨利森、亞辛姆・哈米薩、哈米爾・馬瓦德、寶拉・馬瓦德（Paola Mahuad）、吉兒・泰勒、蓋布莉・尤瑞、麗莎・尤瑞、丹尼士・威廉斯與傑瑞・懷特，謝謝他們提供深具啟發的故事。我特別受惠於阿比里奧・狄尼茲，感謝他情義相挺，大方允許我在這本書中收錄他成功化解衝突的故事。

我能找到一位經紀人，在各方面都了解並支持我的計畫，真是莫大的幸運。在吉姆・李文（Jim Levine）的引導下，這本書漸漸成形；然後，他找到一家出版社，讓這本書有很好的歸屬，並在整個過程中提供寶貴的意見。他一直是我真誠的朋友，我非常感激他、他的同事與家人。

還有哈潑合一（HarperOne）出版社才華洋溢的團隊。我跟編輯吉諾維瓦・蘿莎（Genoveva Llosa）合作一直很愉快，她在審閱原稿時深思熟慮，提供許多內行的編輯建議，讓全書邏輯與用語更加嚴謹。我對於她與她所有能幹的同事不勝感激，包括：馬克・陶博（Mark Tauber）、克勞蒂亞・寶鐸（Claudia Boutote）、金・戴曼（Kim Dayman）、瑪琳達・穆林（Melinda Mullin）、吉登・威爾（Gideon Weil）、邁爾士・道爾（Miles Doyle）、米雪兒・韋瑟比（Michele Wetherbee）、德懷特・比恩（Dwight Been）、泰莉・李歐納（Terri Leonard）、娜塔莉・布萊榭爾（Natalie Blachere）、羅利・麥基（Laurie McGee）、凱洛・克連胡博（Carol Kleinhubert）與漢娜・李維拉（Hannah Rivera）。

因為有能幹的幫手幫忙管理我的辦公室與時間，撰寫這本書才變得容易許多。我衷心感謝凱西・陳—奧特佳（Cathy Chen-Ortega）和在她之前的艾思莉・榭林（Essrea Cherin）與米卡・麥克勞林（Myka McLaughlin），她們全心全意的支持與精明幹練的協助，讓我受益良多。我想要特別感謝白楊風飯店（Aspen Winds）的好人：達特、菲爾、雪倫與萊恩，謝謝他們提供一個讓我專心寫作的避風港。

當這本書漸漸成形，挑戰也隨之浮現：在我探究的內心世界與實際談判的外在世界之間，如何搭建可靠的橋梁。在搭建橋梁的過程中，我很幸運有各式各樣的讀者試讀我的草稿，而且他們人都很好，願意與我分享他們思慮周詳的意見。我想謝謝戈帝・阿法西（Goldie Alfasi）、David Baum、貝瑞・柏克曼（Barry Berkman）、薛比・波伊（Shelby Boyer）、陶德・布蘭特利（Todd Brantley）、海倫娜・布蘭特利（Helena Brantley）、莎拉・戴維森（Sara Davidson）、佛朗西斯科・狄亞茲、芮妮・杜普雷（Renée DuPree）、琳賽・厄齊康（Lindsay Edgecombe）、派屈克・芬納帝、諾曼・賈林斯基（Norman Galinsky）、馬克・葛容、比爾・格雷斯頓（Bill Gladstone）、丹尼爾・格林伯格（Daniel Greenberg）、瑪果・金恩、瓊・李文（Joan Levine）、約書亞・李文（Joshua Levine）、哈米爾・馬瓦德、綺雅娜・莫拉迪（Kiana Moradi）、雷奧波爾多・奧羅斯科（Leopoldo Orozco）、夏娜・帕克（Shana Parker）、朱莉莎・雷諾索（Julissa Reynoso）、史蒂芬妮・羅斯坦（Stephanie Rostan）、拉斐爾・薩加林（Raphael Sagalyn）、莫妮卡・夏瑪（Monica Sharma）、約翰・西費爾（John Siffert）、大衛・賽克斯（David Sikes）、琳賽・摩西・賽克斯（Lindsey Moses Sikes）、蘿貝塔・索托馬約爾（Roberta Sotomaior）、凱麗・史帕克（Kerry Sparks）、約翰・史坦納、丹妮兒・史菲克夫（Danielle Svetcov）、伊麗莎白・尤瑞（Elizabeth Ury）、茉妮卡・佛曼（Monika Verma）、蘿倫・華瑟曼（Lauren Wasserman）、約書亞・魏斯（Joshua Weiss）、約翰・威考克森（John Wilcockson）與提姆・沃伊齊克（Tim Wojcik）。

到頭來，這本書是我從過去經驗與眾多老師身上學習而成的心血結晶。我想將這本書獻給所有的老師。年少時期，從尼采、愛默生與梭羅的著作中，我讀到不論發生什麼事都接受人生的哲理，使我深受啟發。我潛心研讀甘地的名言與人生，從中學到如何讓內在本質的努力成果化為外在行動。在我二十來歲時，羅傑・費雪在談判的領域熱心指導我，傾囊相授關於調解糾紛、教學與寫作的一切，鼓勵我把這一行當作畢生的事業。我永遠難忘他的恩情，還有艾琳・葛雷（Aline Gray）阿姨、我朋友法蘭克・費雪（Frank Fisher），謝謝他們介紹我認識羅傑。

打從上高中開始，我就一直熱愛閱讀哲學著作與智慧典籍，從柏拉圖、老子到拉馬納・馬哈希（Ramana Maharshi），都在我涉獵範圍之內，只是近年來，我從我的朋友兼導師普仁・巴巴（Prem Baba）身上體驗到的第一手智慧，讓我獲益良多。我深深感激他帶給我明晰、充滿洞見與慈悲的課題。

在所有人當中，我太太麗莎對我的恩情最大，她的愛與支持成為我的支柱，陪我走過這一切。她看過許多草稿，每一次都以深切的關心與鼓勵聆聽我敘述。從麗莎身上，我學到許多寶貴的課題，包括抱持感恩的心、透過臨在（presence）陪伴等所有心靈智慧。她和我們的孩子克里斯、湯馬士與蓋布莉，都是我最大的福氣。

DHH0323

從說服自己開始的哈佛談判力：搬開內心的絆腳石，與自己達成共識，就能讓別人贊同你〔談判經典暢銷升級版〕

作　者—威廉．尤瑞
譯　者—沈維君
副主編—郭香君
責任企劃—張瑋之
封面、內頁版型設計—兒日設計
編輯總監—蘇清霖
董事長—趙政岷
出版者—時報文化出版企業股份有限公司
108019台北市和平西路三段二四〇號四樓
發行專線—（〇二）二三〇六—六八四二
讀者服務專線—〇八〇〇—二三一—七〇五
（〇二）二三〇四—七一〇三
讀者服務傳真—（〇二）二三〇四—六八五八
郵撥—一九三四四七二四時報文化出版公司
信箱—10899臺北華江橋郵局第99信箱
時報悅讀網—http://www.readingtimes.com.tw
綠活線臉書—https://www.facebook.com/readingtimesgreenlife
法律顧問—理律法律事務所　陳長文律師、李念祖律師
印　刷—盈昌印刷有限公司
二版一刷—二〇二〇年三月十三日
二版四刷—二〇二一年三月十六日
定　價—新台幣三二〇元

時報文化出版公司成立於一九七五年，
並於一九九九年股票上櫃公開發行，於二〇〇八年脫離中時集團非屬旺中，
以「尊重智慧與創意的文化事業」為信念。

從說服自己開始的哈佛談判力：搬開內心的絆腳石，與自己達成共識，就能讓別人贊同你〔談判經典暢銷升級版〕/ 威廉．尤瑞（William Ury）著；沈維君譯. -- 二版. -- 臺北市：時報文化, 2020.03
面；　公分. --（BIG系列；323）
譯自：Getting to yes with yourself : and other worthy opponents
ISBN 978-957-13-8100-8（平裝）

1.談判　2.傳播心理學

177.4　　　　109001375

ISBN 978-957-13-8100-8
Printed in Taiwan